Zicartola

Zicartola: Política e samba na casa de Cartola e dona Zica

EDIÇÃO REVISTA E AMPLIADA

Maurício Barros de Castro

Cobogó

Para meu filho Pedro, sempre

RESTAURANTE "ZICARTOLA"

RUA DA CARIOCA N.º 53 — 1.º ANDAR
TEL. 22-3921

Você que gosta de comida caseira venha ao "ZICARTOLA" onde o tempêro da ZICA conquistará o seu paladar. A comidinha é bem brasileira e feita com carinho. Você vê a cozinha e observa a ZICA e suas "pastoras" preparando o seu almôço.

O ambiente não tem luxo, mas é muito simpático. Poderá verificar ainda que o gôsto da comida depende sòmente da "mão da cozinheira", razão pela qual o "ZICARTOLA" pode oferecer boa comida por preços módicos.

De 2.a à 6.a feira funcionamos, para almoço, das 10 às 15 horas, quando esperamos contar com o prazer e a honra da sua visita.

ZICA E CARTOLA

Contam com a sua presença no coquetel de inauguração do Zicartola, situado na rua da Carioca, número 53, primeiro andar, que será realizado no dia 21 de fevereiro de 1964, às 18 horas.

Lembram ainda que, se você gosta de boas comidas e bons sambas, não deixará de frequentar a casa, pois ela "manda brasa" na comida e ele no violão.

Tá bom?

Restaurante Zicartóla - A CASA DO SAMBA

Função a noite das 20 Hrs. em diante com *Show de Samba* e várias programações artística acompanhado dos Pratos Típicos gostosos feito pela ZICA

Reserva de mesa pelo Tel. 22-3921 até 21 Horas.

Rua da Carioca, 53 - 1.º andar
Telefone 22-3921

Almoço de 2.ª á 6.ª Feira
Das 10 ás 15 Horas

Observações: Reservamos as mesas até as 21 Horas pagando a conssumação adiantado

AVISO

A Diretoria do ZICARTOLA tem a honra de avisar aos seus amigos e freqüentadores que ampriou a sua programação, passando a funcionar aos sábados no horário normal.

Com samba e muitas variedades artísticas.

Também os apetitosos pratos típicos da Zica.

Não percam as NOITES DE SÁBADO, que são uma maravilha.

SAMBA e ALEGRIA só no

ZICARTOLA

A CASA DO SAMBA

Rua da Carioca, 53 - 1.º Andar - Tel. 22-3921

Distribuição Interna

ZICARTOLA

REFEIÇÕES CASEIRAS LTDA
Rua da Carioca, 53 - sob.

CARDÁPIO

COMIDINHAS

Peixe nacionalista	1.300,00
Camarão à bahiana	1.300,00
Peixe na chuva (ao môlho do camarão) ..	1.300,00
Fritada de camarão assanhado	1.000,00
Linguiça vestida de farofa de couve ...	800,00

SOBREMESAS

Queijos e compotas diversas

O QUE SE BEBE

Cervejinha e.g.	350,00
refrigerantes	150,00
cuba-libre	500,00
Uisque brasileiro	600,00
Uisque com sotaque	1.500,00
Gin-tônica	500,00
Cartolinha (hi-fi)	500,00
Conhaque	500,00
Champanhe (garrafa)	3.000,00
Vinho Borgonha (garrafa pequena)	450,00
Vinho Castelo	600,00

SAMBA **MESMO** É NO ZICARTOLA!

"ZICARTOLA"

RUA DA CARIOCA N.º 53 — 1.º ANDAR

TEL. 22-3921

"ZICARTOLA" comunica aos seus distintos frequentadores que, a partir de 1.º de outubro, deixará de dar almôço aos sábados. A medida se deve ao fato de que a partir da mesma data, a casa passará a funcionar também aos sábados à noite, apresentando espetáculos variados de música popular brasileira e servindo gostosos pratos Típicos.

E tudo isso lhes será proporcionado pelos mesmos preços de sempre, aos quais serão acrescentados um "couvert" no valor de apenas Cr$ 1.000,00 por pessoa, garantia de maior confôrto e melhor qualidade de serviço.

"ZICARTOLA"

figuras: h. prazeres/composição: wendhausen

CONVITE

Na Igreja do Sagrado Coração de Jesús, na rua Benjamin Constant n.º 42, no dia vinte e quatro de outubro próximo, às quinze horas, Euzébia Silva do Nascimento (Zica) e Agenor de Oliveira (Cartola) serão abençoados por Deus e unidos pelos sagrados laços do matrimônio religioso. Depois da cerimônia, os nubentes terão o prazer de receber Vossa Senhoria na casa de samba Zicartola, para a tradicional fatia do bôlo nupcial, pelo que antecipadamente agradecem a presença.

ZICARTOLA/ORDEM DA CARTOLA DOURADA
13 MAIO 64 (VIVA A PRINCEZA ISABEL!)
PROGRAMA

Nesta noite em que Aracy de Almeida recebe o diploma, na categoria de Divina Dama, da "Ordem da Cartola Dourada", convidamos o pintor (e crítico de música da revista "Leitura") Walter Wendhausen, para dizer alguma coisa sobre essa extraordinária cantora : "Ninguém está tão ligada à nossa música popular quanto Aracy de Almeida. Sua fidelidade ao samba, então, é impressionante. Desde "Sorriso de criança", em 1934, ela lhe tem sido fiel. Se chegou a gravar alguns boleros, fê-lo por amizade, mas ainda assim o outro lado do disco era sempre um samba. Foi também a cantora que mais gravou e o fez com a quase totalidade dos nossos compositores (só não gravou Lupiscinio). De Donga até Roberto Kelly há a sua presença. Quantos carnavais também foram animados por ela: "Mamãe lá vem o bonde", "Passo do cangurú", "Mulher do leiteiro", "Não me diga adeus", "Palpite infeliz", "Louco", "Vai ver que é" - são uma amostra mínima de seus êxitos carnavalescos. Já não se pode discutir se Aracy é grande, apenas podemos gostar ou não dela. E mais tarde, seus discos serão disputados como hoje são os de Damia, Ma Rainey, Bessie Smith. Está faltando uma gravação que se chame "História do samba" e seja interpretada por Aracy de Almeida. Poderia ser também dois Lps com 40 ou 50 sambas completos, numa seleção que não fosse somente à base saudosista. Ali teríamos um "Agora é cinzas", um "Morro de São Carlos", um "Novo amor", um "Ninguém me ama", um "A fonte secou" e tantos e tantos outros que representam os melhores momentos da história do nosso samba. E seria Aracy quem gravaria este disco definitivo. Numa enquete feita recentemente pelo "Jornal do Brasil", todos os nossos cronistas da música popular opinaram unânimemente ser Aracy a maior intérprete da nossa música popular. Não houve um voto dissonante. Isto já é razão para ser ela a cantora deste disco, não houvesse ainda muitos outros elementos não menos importantes que a indicam como a pessoal ideal - sejam eles de carater afetivo, sejam de outra ordem qualquer. Eis algumas amostras, tiradas das próprias conversas que com ela mantivemos: AA conheceu Noel Rosa no primeiro dia em que pisou um estudio, para cantar um sucesso de Carmen Miranda. Daí em diante NR dirigiu seu repertório / Dá o máximo em suas interpretações. Inquirido sobre qual a maior criação de suas músicas, Ary Barroso afirmou ser "Camisa amarela", por Aracy / Em 1954, pela passagem de seus 23 anos de rádio, foi homenageada por Lucas Garcez, então Governador de São Paulo, e Cecilio Matarazzo, com um grande banquete / Conhece o samba como ninguém. Extremamente inteligente, acha que devemos evoluir. Prefere o teleco-teco, mas bem feito. Não confunde deficiências técnicas com o autêntico, letra mal feita com simplicidade / Quando do concurso de músicas carnavalescas em 1946, ao perder, numa flagrante marmelada, o PTB conferiu-lhe prêmio igual ao que lhe foi boicotado. A música apresentada por AA era apenas... "Não me digas adeus", que até hoje é sucesso / Recebe convites para cantar em todas as partes, mas tem medo de avião, e por isto não vai / Quando de sua gravação de "Se eu morresse amanhã de manhã" outros cantores aproveitaram a "onda", mas sua gravação ganhou as demais / Um pouco "alta", comovida, cantou "Não me diga adeus" no embarque de Clovis Graciano para a Europa. Juntou muita gente. Por minutos parou o trabalho no local e o cais do porto cantava com ela. Foi outro momento bonito de sua vida / Assim é Aracy. Uma enorme personalidade. Entretanto, suas glórias não a envaidecem. Dá, às vezes, suas grandes broncas, mas é sensível e grande amiga. Fala em dialeto de gíria, sendo que cria mais do que a dota. Suas frases fazem escola, outras viram samba "Não sou mulher de olá", Miguel Gustavo). Um Otto Lara Rezende de saias. Os dados acima coligi de uma crônica escrita, há tempos, para minha seção na revista "Leitura". Nossa crônica terminava aí, mas se esperássemos um pouco, outro seria seu final. Tal como nos roteiros cinematográficos, Aracy voltava triunfalmente. (O grupo musical que a acompanhou na rentrée diferente do pequeno e desajustado conjunto da Rádio Mauá, onde recentemente fez temporada.) A platéia não era aquela de anteriores dias, e sim um público acostumado a esnobar nossos cantores. Aracy vestiu Chanel, "traduzido" por Maria Augusta mas, como no poema de Fernando Pessoa, " pisava no tapête das etiquetas", tirava o sapato de lamé e cantava descalça. Abandonava o microfone e todas as formalidades, entre um samba e outro tomava um drinque nas mesas de pistas. Era a sua forra, aplaudida delirantemente.... Aracy voltou à noite, às reportagens, seu nome é manchete, aos convites, televisão, São Paulo e aos discos. O poeta Herminio Bello de Carvalho seleciona as músicas para seu último Lp. Já sabemos : qualquer dia destes Aracy se enche e volta para o Encantado, às suas roupas exóticas e àquelas a quem tanto ama: "Gorda", "Feijão" e "Miudinha", e nós ficaremos remoendo nossa saudade ouvindo seus discos. E nada poderemos fazer, pois Aracy é assim mesmo : genial e imprevisível! "

ZICARTOLA (samba MESMO) continua às sextas feiras, apresentando Cartola, Ze Keti, Ismael e Nelson Cavaquinho. Próxima homenagem : " Cyro Monteiro " !

Sumário

Sessenta anos de Zicartola — 21

No Olimpo de Cartola e dona Zica
Por Hugo Sukman — 23

Apresentação da segunda edição
Por Hermínio Bello de Carvalho e Aldir Blanc — 29

Introdução — 35

1. As vozes do terreiro — 39
2. O samba das escolas — 45
3. Os sambistas esquecidos — 61
4. Anos dourados e contracultura — 81
5. A rua dos Andradas — 87
6. Zona Norte e Zona Sul — 103
7. Narrativas de resistência — 115
8. Memória de uma casa de samba — 129
9. O Zicartola e a imprensa — 147

Epílogo — 157

Referências bibliográficas — 161

Entrevistas — 165

Sessenta anos de Zicartola

A ideia de propor uma terceira edição, ampliada, atualizada e revista do meu livro *Zicartola: Política e samba na casa de Cartola e dona Zica* trouxe a oportunidade de apresentar um inédito último capítulo, dedicado à presença do Zicartola na imprensa. Enquanto o livro original foi totalmente construído com relatos e entrevistas que realizei com os principais nomes da casa de samba, esta edição traz alguns elementos novos, como as notícias que foram publicadas nos jornais e revistas da época e uma série de convites e anúncios que abre o livro, inclusive o convite para a inauguração oficial da casa de samba, realizada em fevereiro de 1964. Assim como a carta em homenagem à imprensa, que já fazia parte da segunda edição, os demais documentos pertencem ao Arquivo Brício de Abreu, localizado na Biblioteca Nacional, e aos arquivos Jacob do Bandolim e Hermínio Bello de Carvalho, localizados no Museu da Imagem e do Som.

Ao mesmo tempo, mantemos nesta edição uma preciosidade da segunda edição do livro, um maravilhoso texto de apresentação, inédito e exclusivo, assinado por Aldir Blanc e Hermínio Bello de Carvalho. A edição atual também nos brinda com uma apresentação impecável escrita por Hugo Sukman.

Além de uma profunda revisão do texto, que incluiu modificar ou eliminar trechos das edições anteriores, também me detive numa atualização bibliográfica sobre o samba e temas correlatos à trajetória do Zicartola, incorporando trabalhos que foram publicados após a segunda edição do livro, lançada em 2013. Vale mencionar que o mesmo processo aconteceu na segunda edição, na qual incluí as entrevistas de Arthur Oliveira Filho e Nelson Pereira dos Santos, que não constavam na primeira edição, lançada em 2004.

A proposta de um novo capítulo, dedicado ao material publicado em jornais e revistas, não é de cotejar entrevistas realizadas por meio da história oral com as publicações da imprensa, em busca de alguma verdade, mas, sim, tornar mais rico o debate em torno do Zicartola e da importância dele para a história cultural do Rio de Janeiro e do Brasil.

Maurício Barros de Castro

No Olimpo de Cartola e dona Zica

Seria certo, fora do exemplo das narrativas mitológicas gregas, acreditar num lugar que oferecesse ao mundo ao mesmo tempo o jovem Paulinho da Viola e a imemorial Clementina de Jesus? Que na mesma noite trouxesse de volta Nelson Cavaquinho e Aracy de Almeida e em outra revelasse Elton Medeiros e Nara Leão? Em que Tom e Caymmi fossem, juntos, tocar violão com Cartola. Que Zé Kéti da Portela, Geraldo Babão do Salgueiro, Silas de Oliveira do Império Serrano comandassem ao lado de Cartola de Mangueira uma roda de samba como se todas as rodas de samba do passado e do futuro estivessem ali (e essa roda de fato aconteceu, na noite de 28 de fevereiro de 1964, uma sexta-feira pós-carnaval no qual todos eles disputaram sambas por suas escolas na Avenida).

Haveria um lugar, fora do Mito, em que diante dos quitutes de dona Zica e ao som de Cartola e seus amigos — um Zicartola, portanto a simples justaposição de nomes, como num nome grego — seus frequentadores imaginassem sonhos e projetos como o *Rosa de ouro*, o *Opinião*?

Que tudo isso e muito mais, um trabalho de séculos, se desse em nem dois anos?

• • •

Se o Rio fosse a Grécia, as narrativas mitológicas seriam as anedotas. E justamente numa dessas anedotas míticas, certa vez Mário Lago perguntou a um grego o que seria, afinal, a Grécia. Ele pensou, pensou... Pensou como fazem os gregos de anedota, e respondeu: "Umas pedras!"

— Eureca! — exclamou então o autor de "Atire a primeira pedra", como aliás diria outro grego, o Arquimedes, na banheira. Se a Grécia são "umas pedras", o que seria então a sua Grécia, ou melhor, a ágora de Mário Lago e do samba carioca, o Café Nice: "Umas mesas...", concluiu o velho Mário, como um grego. E continuou a filosofar. "Eram umas mesas. Mas havia um espírito do Café Nice..."

É exatamente desse "espírito" que trata este livro do "excelente Maurício Barros de Castro" — como o qualificará Aldir Blanc no texto de apresentação seguinte a este meu. Não do espírito do Nice, que isso já foi também assunto de um punhado de livros, mas o de sua reencarnação quase dez anos depois: o Zicartola, onde o samba e os sambistas marcaram de se encontrar durante poucos mas definitivos meses, entre fevereiro de 1964 e maio de 1965, sendo que, mesmo breve, foi um ponto de inflexão na história do samba e da cultura brasileira, quando tudo que veio antes pareceu se concentrar para produzir tudo que viria depois.

Mas se a Grécia são "pedras" e o Nice, "mesas", vamos voltar às definições "gregas" para entender o que seria o Zicartola, segundo quem mais o frequentou e viveu como se fosse de fato uma saga mitológica, o poeta Hermínio Bello de Carvalho, no texto de apresentação da segunda edição deste livro, em 2013: "Bem, pra quem não conheceu o Zicartola, era um sobradão na rua da Carioca, acho que número 53, cheio de mesas, com as paredes apinhadas de retratos."

— Eureca! — exclamo eu agora. Se eram "umas mesas" o café de estilo parisiense na avenida Rio Branco, acho que no número 174, que mais ou menos entre 1928 e 1954 foi o ponto de encontro da gente de música popular — onde, por exemplo, Mário Lago conheceu Ataulfo Alves e juntos fizeram "Atire a primeira pedra", entre outros clássicos do samba —, o Zicartola seria também "umas mesas", mas com os tais retratos na parede, que é o que, exatamente, muda tudo.

Quando incentivados por amigos, Zica e Cartola criaram o Zicartola, no fim de 1963, a intenção imediata era dar melhor condição de vida para o casal recém-casado. Zica, cozinheira de mão-cheia, se encarregaria da pensão, do almoço. Cartola teria um lugar mais apropriado para fazer suas festas musicais do que na própria casa, ainda mais que morava de favor como zelador da Associação das Escolas de Samba, na rua dos Andradas, que, aliás, seria desapropriada e demolida. Da comida à música, seria uma casa de samba — talvez a primeira da cidade, e por conseguinte do mundo, afinal mais pública que a de Tia Ciata, cinquenta anos antes, e mais musical que o Café Nice, apenas um ponto de encontro de sambistas; mais próximo talvez das sofisticadas boates da Zona Sul, lugar de música, comida e bebida, só que dirigida, animada e frequentada por gente preta, do subúrbio, das favelas, que é o que, exatamente, muda tudo.

O que, exatamente, muda tudo no Zicartola: o samba já tinha seus retratos na parede, os frequentadores da casa da Ciata ou das mesas do Nice, os novos sambistas que chegavam cheios de gás e fariam, já faziam, história; o samba estava pronto, portanto, para cuidar do seu destino, como Zica e Cartola.

Como pano de fundo, o Brasil em convulsão política e social devido às agitações políticas que antecederam e sucederam o 1º de abril de 1964, o golpe civil-militar que, se sufocou a democracia brasileira por vinte anos, ao menos empurrou a vanguarda artística e universitária carioca das festinhas de Copacabana e Ipanema e das noites de teatro e política do prédio da União Nacional dos Estudantes (UNE), que seria incendiado e destruído na praia do Flamengo, para o sobradão na rua da Carioca. Jogou a juventude contracultural nos braços do samba.

Com rigor acadêmico, alma de historiador, tino de repórter e escrita fina — provando que é possível historiar com critério uma mitologia — Maurício Barros de Castro destrincha de maneira muito objetiva todos os elementos que "formaram" o Zicartola, do contexto ao que de fato acontecia na casa. Baseia-se sobretudo em fontes primárias, como as 12 inestimáveis entrevistas que fez com frequentadores da casa e com a própria dona Zica, documentos, além de extensa pesquisa na imprensa da época. Sobretudo por isso, desde a primeira edição, em 2004, este *Zicartola: Política e samba na casa de Cartola e dona Zica*, vem sendo obra de leitura e consulta obrigatória por nós que pesquisamos e escrevemos a história da chamada cultura brasileira, sobretudo de nossa música popular e da própria cidade do Rio de Janeiro.

Está tudo aqui de forma concisa: a tradição (então esquecida) do samba, seus terreiros, seus artistas, suas escolas de samba; a ascensão, queda e redescoberta de Cartola e a conspiração de amigos para sua reabilitação pessoal e artística; a chegada do pessoal da política, das artes, da universidade para junto do samba (os depoimentos de Carlos Lyra e Ferreira Gullar, ambos dirigentes do CPC da UNE, são inestimáveis nesse quesito); o encontro, alguns anos antes, do sambista Zé Kéti e do cineasta Nelson Pereira dos Santos em torno do filme *Rio 40 graus*, que talvez tenha dado início a esse movimento todo que redundou na união de forças que geraria não apenas o Zicartola, mas todos os movimentos artísticos de resistência à ditadura civil-militar, do Cinema Novo à MPB, ou seja, tudo de mais marcante que aconteceria na cultura brasileira durante sua curta existência e mesmo, sobretudo, depois que o Zicartola fechou as portas, em 1965.

• • •

Nara Leão foi uma frequentadora arquetípica — olha os gregos aí novamente! — do Zicartola. Ela vem de antes, do movimento de artistas da Zona Sul que redescobriu o samba, a primeira cantora jovem dos anos 1960 a gravar Zé Kéti ("Diz que fui por aí"), Nelson Cavaquinho ("Luz negra") e, numa tacada só, redescobrir Cartola e revelar Elton Medeiros com a gravação de "O sol nascerá", sucessos lançados na mesma semana de inauguração do Zicartola. Apresentou-se na casa, foi lá homenageada e levou os amigos da bossa nova.

Foi numa das mesas do sobradão da rua da Carioca, observados pelos retratos nas paredes, que Nara, Zé Kéti, Ferreira Gullar e Vianinha conversaram talvez pela primeira vez e, animadamente, sobre o espetáculo que iriam fazer num teatrinho novo em Copacabana, um certo *Opinião*.

Ao ser perguntada, como ao grego sobre a Grécia, Mário Lago sobre o Nice, o que seria, afinal, o Zicartola, Nara não precisou pensar muito para responder: "Um lugar onde a gente ia bater papo."

Quer definição mais "grega" do que essa?

Hugo Sukman
Rio de Janeiro, julho de 2023.

Apresentação da segunda edição

O excelente Maurício Barros de Castro me pediu uma apresentação para seu livro sobre o lendário Zicartola. Quando esse marco musical, culinário e cultural na melhor acepção da palavra brilhou, eu era um rapazola e estive lá uma vez. Havia bebido, o que era novo para mim (na época...), cachaça. Sei que adorei o lugar. Não lembro mais nada. Então, tive a ideia de pedir ao amigo Hermínio Bello de Carvalho, um dos mestres de cerimônia da casa de samba, junto com Clementina de Jesus e Albino Pinheiro, um pequeno texto para dar brilho ao meu. Bom, Hermínio, com seu talento e graça, escreveu uma pérola que não há como superar. Então, aqui estou fazendo essa modestíssima apresentação para a impecável apresentação do Hermínio.

ALDIR BLANC

Aldir e eu à mesa do Zicartola

O Zicartola ainda não tinha aberto oficialmente as portas para o almoço. Mas os paios e linguiças, as cebolas e alhos já davam o ar de sua graça pelas mãos de Zica, com o umbigo encostado nos fogões. Assim mesmo resolvemos pedir uma caipirinha, "se não for dar muito trabalho". Dez e meia da manhã, e os dois pinguços já aboletados à mesa — e é quando chega Angenor de Oliveira, o Cartola — aliás, o divino Cartola, arrastando as sandálias, os inseparáveis óculos escuros, e ainda sonolento da esbórnia da noite anterior. "E o Albino (Pinheiro), não vem?". Marcou com a gente em torno do meio-dia, primeiro iria passar no Mello Menezes, pensava em rebocá-lo para a feijoada que a Zica estava preparando na espaçosa cozinha do Zicartola.

Bem, pra quem não conheceu o Zicartola, era um sobradão na rua da Carioca, acho que número 53, cheio de mesas, com as paredes apinhadas de retratos. Eu havia criado a "Ordem da Cartola Dourada", inspirado nas noites de samba que o Zé Kéti havia inaugurado na casa. Porque era assim: nem eu, nem Zé Kéti éramos sócios da casa, e eu era padrinho de casamento de Zica e Cartola. Você, Aldir, já conhecia quase todos os grandes sambas não só do Cartola, mas também do Nelson Cavaquinho. E quando você pegava o violão, era capaz de desfiar as serestas do grande Orestes Barbosa — e nesse dia, pra sorte nossa, e já conhecendo sua fama, Cartola foi buscar seu violão, e você então se esparramou...

Não me lembro quem seria o homenageado com a "Ordem da Cartola Dourada" daquela noite. Teria sido a Lindaura, viúva de Noel? Ou o Tom Jobim, a Aracy de Almeida, ou Caymmi e Tom Jobim? Lembro que nesse dia a esbórnia foi grande — até porque a nós se juntou o Ismael Silva e, logo depois, um menino tímido que apresentei ao Cartola: Paulo César Baptista de Faria, que logo se integrou à casa e ganhou o nome artístico de Paulinho da Viola.

Lembro muito bem da euforia do Vianinha quando te viu por aquelas bandas, e da festança que você fez quando a Rainha Ginga, Clementina de Jesus, adentrou com Albino Pé-Grande no recinto. Logo chegaram Nelson Cavaquinho e Padeirinho.

Como você não se lembra, Aldir? Isso se deu em 1962/63, foi antes do *Rosa de ouro* e do *Opinião*, a esquerda em peso fazia do Zicartola quase que um aparelho do PC. Tempos bons aqueles.

Claro que eu não me lembro exatamente como você estava vestido e se carregava alguma pasta — como iríamos nos acostumar a vê-lo quando chegava à Sombrás, nos tempos sombrios da ditadura militar, e nós querendo mudar o mundo, consertar os errados autorais, aquelas coisas.

Mas não vou esquecer nunca do "Tá bom, meu filho? Tá ao seu gosto?" que a Zica, acariciando teu ombro, fez questão de saber se aquela moelinha improvisada como tira-gosto tinha caído bem ao seu palato. Depois de muitos chopes com espesso colarinho e batidinhas de limão como nunca iríamos beber outras iguais em nossa vida, penetramos no chamado espaço sideral, encharcados de álcool e canções.

O nome daquela mulata de coxas grossas e lábios carnudíssimos pela qual você se deixou encantar não sei mais, nunca mais a vi. O Zicartola foi assim. Nem durou dois anos. Mas os retratos nas paredes, aquele feijão oloroso feito pela Zica, o Cartola sentado à nossa mesa, e nós, depois, saindo carregados de porre — estou aqui tentando fazer um filme daqueles dias, com Noel e Vadico chegando depois à mesa, rebocados por Aracy de Almeida e Carmen Miranda — se lembra? —, e o regional do Canhoto nos acompanhando, e o Drummond chegando abraçado ao Manuel Bandeira e ao Jota Efegê. O Jota te apresentando a Aracy Côrtes, que debruçou quatro quintos dos seios em cima de tua tulipa de chope — e aí o cenário já era o Café Nice —, e não é que o Mellinho Menezes vem chegando trazendo a reboque o J. Carlos, seu mestre?

Tome tenência, Aldir, não me faça derramar as chamadas lágrimas de sangue ao lembrar daquele tempo que era meio *It's all true*, do Orson Welles, e um pouco o *Midnight in Paris*. O tempo nós o inventamos. A ampulheta do tempo, essa fica a nosso critério revirá-la, quando toda a areia já passou pro lado de baixo.

Nosso Zicartola está aqui, vivíssimo, e sobretudo quando nos encontramos e resolvemos tomar todas, inconsequentemente. Nessas horas, que não se espantem nossos vizinhos de mesa, como se deu no outro dia, ao verem Cartola, Nelson Cavaquinho e Padeirinho se aboletarem à nossa mesa — se lembra ou já estavas de porre, meu amigo poeta?

HERMÍNIO BELLO DE CARVALHO

Pequeno adendo de Aldir Blanc:
— É mole?

ALDIR BLANC e HERMÍNIO BELLO DE CARVALHO
Rio de Janeiro, março de 2012

Introdução

> Silenciar a Mangueira, não
> Disse alguém
> Uma andorinha só não faz verão
>
> CARTOLA, "SILENCIAR A MANGUEIRA"

O Zicartola foi uma casa de samba que fez sucesso no turbulento contexto político-cultural da década de 1960. Funcionou num sobrado da rua da Carioca, no Centro do Rio de Janeiro, e teve uma existência breve — não durou nem dois anos —, o que não impediu que importantes acontecimentos se originassem sob aquele teto. Referência noturna e musical da cidade, o sobrado recebia ilustres representantes da cultura brasileira. Cartola, lendário compositor da Mangueira, e a mulher, Zica, cozinheira afamada e antiga pastora da verde e rosa, eram as duas principais atrações do lugar. A fusão dos nomes inspirou o batismo da casa de samba.

Para reconstituir a trajetória do Zicartola entrevistei algumas pessoas que frequentaram o espaço cultural, reduto não somente de antigos sambistas, mas também de intelectuais, artistas e estudantes universitários refugiados da recém-instaurada ditadura militar, embalados por samba e política.

Na época da pesquisa, realizada entre 2000 e 2001, tive oportunidade de entrevistar dona Zica, além de diversos outros nomes que tornaram o Zicartola histórico e refletiram sobre a a importância dele para o ambiente cultural dos anos 1960. Os escolhidos para falar sobre a casa de samba foram dona Zica, Paulinho da Viola, Hermínio Bello de Carvalho, Nelson Sargento, Nuno Linhares Veloso, Elton Medeiros, Sérgio Cabral, Carlos Lyra, Nelson Pereira dos Santos, Fernando Pamplona, Arthur Oliveira Filho e Ferreira Gullar. O critério de escolha foi simples: busquei os nomes que participaram do Zicartola e do ambiente cultural que o cercava.[1]

O fato de a casa de samba ter feito com que antigos sambistas esquecidos viessem novamente a conhecimento do público me chamava atenção. A geração de sambistas da qual Cartola fez parte levou à sociedade brasileira um discurso novo, organizado por meio do movimento das escolas de samba. Consolidado na década de 1930, o samba criado nos morros cariocas apresentava um formato moderno, o qual cabia aos interesses nacionalistas do governo Vargas e às expectativas capitalistas

---

1. Arthur Oliveira Filho foi o único dos entrevistados que não frequentou o Zicartola, mas abri uma exceção a este critério e o entrevistei por dois motivos: é o biógrafo de Cartola e um dos mais importantes pesquisadores da história do samba. Já Nelson Pereira dos Santos foi entrevistado para a segunda edição do Zicartola.

do nascente sistema de rádio brasileiro. Três décadas depois, quando o ritmo já havia repercutido como música nacional, esses antigos sambistas permaneciam esquecidos. Suas músicas não tocavam mais nas rádios e o grande público não se lembrava mais deles.

Marcados por uma trajetória marginalizada, os sambistas e sua visão de mundo aguçada dos dramas contemporâneos influenciaram reações ao golpe de 1964. As expressões principais disso foram, no plano político e cultural, os espetáculos *Opinião* e *Rosa de ouro*. A realização de ambos foi um desdobramento dos acontecimentos vivenciados no sobrado da Carioca. O surgimento do conjunto A Voz do Morro, o primeiro formado por compositores das escolas de samba, também está relacionado à trajetória do Zicartola.

Diante da influência da casa de samba na criação de eventos tão emblemáticos, resta uma derradeira pergunta: qual foi a importância do Zicartola para os acontecimentos culturais e políticos da década de 1960?

Busquei responder a esta e outras questões que envolvem a casa de samba nas linhas que apresento agora, nas quais os entrevistados dialogam com referências bibliográficas e notícias publicadas em jornais e revistas da época. Além de propor o diálogo, não podia deixar de inserir no texto as canções que marcaram os acontecimentos narrados. Esta é também uma tentativa de reconstituir um caminho musical. Um esforço de memória que resultou num movimento próprio do ato de reminiscência, num ir e vir de histórias.

Neste livro, são os entrevistados que mostram os caminhos. Eles seguem um percurso bem definido, que aponta a influência da religiosidade de matriz africana na formação do samba urbano, organizado por meio do movimento das escolas, vivenciado principalmente nas comunidades pobres, nos morros, nas favelas e nos subúrbios.

Com o gradual crescimento das escolas de samba e sua absorção por outras classes sociais, os sambistas antigos, fundadores das agremiações, começaram a ser afastados desse espaço. Ao mesmo tempo, enfrentavam o esquecimento da sociedade, o que ocorria devido ao silenciamento imposto pelo mercado da música. Por fim, chegam ao Zicartola, uma casa pioneira dedicada ao samba. Um lugar que influenciou grandes acontecimentos culturais da época, no Rio de Janeiro, e iluminou as trajetórias esquecidas de seus artistas.

1. As vozes do terreiro

> Raízes verdadeiras
> Dão frutos em um terreiro
> Cultivadas em terra firme
> Por bambas verdadeiros
>
> WILSON MOREIRA, "VELHOS ARVOREDOS"

O sobrado da rua da Carioca, número 53, apresentou ao Centro do Rio de Janeiro um fenômeno interessante e novo — uma espécie de restaurante onde se podia ouvir música popular, principalmente samba, e apreciar um cardápio de comida caseira. Isso entre 1963 e 1965, período oficial que cumpre a existência meteórica do Zicartola. Zica era uma das sócias, ao lado de um jovem empresário, Eugênio Agostini, e seus primos, Renato e Fabio Agostini Xavier.

O lugar se tornou moda na noite carioca, era grande o movimento para conhecê-lo e "as filas transbordavam até a praça Tiradentes", como contou o primeiro mestre de cerimônias da casa, o poeta Hermínio Bello de Carvalho. Uma outra peculiaridade: enquanto expoentes tradicionais da música brasileira se apresentavam no sobrado, muitos deles desconhecidos ou esquecidos do universo de rádios e gravadoras, um público jovem, vindo da Zona Sul carioca, buscava encontrá-los na casa de samba.

Anos depois, uma placa colocada pela prefeitura no prédio da rua da Carioca, 53, inscreveu no corpo e na memória da cidade este fato: "O casal Cartola e Zica, do samba carioca, manteve no sobrado o Zicartola, restaurante que sediou o encontro cultural entre as zonas Norte e Sul da cidade, de 1963 a 1965, quando Paulinho da Viola recebeu os primeiros cachês de sua carreira."

O alcance do Zicartola extrapolou os acontecimentos experimentados no sobrado, mas sua memória permanecia fragmentada, dispersa em pequenas citações nas entrevistas, nos livros, nas revistas, nos artigos e em capas de disco. Para onde apontavam essas reminiscências, que pistas davam sobre algo não dito a respeito do mosaico cultural brasileiro na década de 1960?

O Zicartola privilegiava um ritmo criado por camadas populares historicamente marginalizadas. O samba urbano carioca foi rotulado como "música nacional" na década de 1930. O que o fez ser conhecido nacionalmente foi a escola de samba, uma expressão cultural criada a partir das experiências dos sambistas dos morros. Contudo, no início dos anos 1960 o que fazia sucesso era a bossa nova dos jovens da Zona Sul. Os sambistas tradicionais permaneciam esquecidos.

Os compositores que surgiram nos primórdios do rádio e participaram da criação das agremiações, como Cartola, encontravam-se — na década de 1960 — afastados da mídia e do centro das decisões das escolas, que começaram a crescer nesse período.

O marco simbólico do afastamento dos antigos compositores se deu com o fim do samba de terreiro, que foi extinto como prática das escolas no correr da década de 1970. Os sambas sem tema que aconteciam nos terreiros e, posteriormente, nas quadras das escolas de samba, faziam parte de um ritual que acabou devido ao crescimento das agremiações carnavalescas, mas que permaneceu na memória dos sambistas.

Nos terreiros as vozes que eram silenciadas nas rádios cantavam seus sambas. Ainda que a atração principal fosse a disputa de sambas-enredo, havia espaço para os sambas de terreiro, composições que eram cantadas sem o objetivo de competirem entre si, apenas refletiam a vivência de seus autores e se tornavam verdadeiros hinos comunitários. A finalidade desses sambas era animar o terreiro — ou quadra — nos intervalos dos ensaios das escolas de samba.

Foi o que contou Nelson Sargento. Compositor emblemático da Mangueira, Nelson cresceu no morro, criado pelo pai adotivo: Alfredo Português. Membro da Velha Guarda da verde e rosa, ele compôs sambas-enredo e de terreiro que se tornaram famosos, como "Cântico à natureza" e "Agoniza, mas não morre", entre outros. Ele definiu o samba de terreiro: "Eram os sambas que embalavam a escola durante os ensaios." Além desta explicação, Nelson Sargento fez distinção entre os dois formatos: "No samba-enredo você tem um tema fixo e no samba de terreiro você tem um tema livre, um samba de gosto popular, com boa qualidade musical." O portelense Paulinho da Viola também participou do ritual. A partir da experiência pessoal, ele descreveu a forma como aconteciam as apresentações.

PAULINHO DA VIOLA: O mestre de harmonia e os compositores distribuíam os prospectos para o pessoal aprender o samba. Quando as pastoras não gostavam, elas não cantavam muito bem, você sentia logo, mas você tinha o direito de chegar e cantar o samba, acompanhado com um pandeiro ou um cavaquinho. Depois que cantava uma ou duas vezes entrava a bateria, era um ritual que eu acho muito lamentável ter acabado. Eu me afastei de escola de samba porque isso acabou, não vejo graça nenhuma no que acontece hoje.[2]

Mesmo deixando de lado um ritual importante como o samba de terreiro, como apontou Paulinho da Viola, as escolas de samba permanecem como uma tradição em constante processo de reinvenção, sem perder de vista os fundamentos ancestrais, atuando como um corpo híbrido que reúne várias classes sociais e que, ao mesmo tempo, se mantêm como importante referência popular de matriz africana. O discurso da negritude,

---

2. Vale lembrar que este relato foi concedido numa entrevista realizada em 2001. Anos depois, Paulinho da Viola se reconciliou com a Portela, chegando a participar de desfiles da escola.

por exemplo, permeia os desfiles ao longo dos anos. Uma iniciativa da qual Fernando Pamplona é importante precursor. O artista plástico, que comandou durante anos o Carnaval do Salgueiro, contou como aconteceu essa atitude revolucionária, a qual subverteu os temas nacionais que eram comuns nas escolas desde a década de 1930, no início do governo Vargas.

FERNANDO PAMPLONA: Primeiro fizemos o enredo de um negro revolucionário, com "Quilombo dos Palmares", depois um negro vitorioso pela arte, o "Chico Rei", e o Arlindo Silva fez o enredo do primeiro negro vitorioso socialmente, com a "Chica da Silva". Foi através desses enredos que nós arrebentamos com o enredo nacional de capa e espada, do patriotismo à patriotagem. O fato é que nós começamos a defender enredos que não eram comuns, não era o que se repetia sobre a história do Brasil, era a história do Brasil por baixo, não era a história do Brasil por cima, e eu lastimo hoje profundamente que não haja o Zicartola, que as escolas de samba tenham acabado com o samba de quadra.

"Chica da Silva", composição de Noel Rosa de Oliveira, foi o enredo campeão do Salgueiro no Carnaval de 1963, mesmo ano em que o sobrado da rua da Carioca foi criado. O espaço surgia num momento em que eram pensadas soluções para a permanência de uma tradição musical, o que confluiu para o irromper de velhos sambistas, um movimento que se intensificou no sobrado da rua da Carioca e se alastrou por outros setores da sociedade. Os desdobramentos da casa de samba ocuparam a cena cultural da época, trazendo para o grande público nomes que haviam permanecido subterraneamente nos terreiros, silenciados e esquecidos. Quem eram eles? Os sambistas que se apresentaram no Zicartola seguiam uma mesma linhagem, eram fundadores ou herdeiros das escolas de samba, um movimento cultural organizado que se tornou marco da identidade do Rio de Janeiro. Uma criação artística que ultrapassou os limites da cidade carioca, musa inspiradora dos sambistas, se fazendo conhecida no país e no mundo.

2. O samba das escolas

> Queremos ver
> Vamos até lá
> Deixa a Portela passar
> Viemos de Oswaldo Cruz
> Para saudar
> Mangueira e Estácio de Sá
>
> Antonio Caetano e Monarco,
"Queremos ver"

O sobrado da Carioca foi um acontecimento cultural que marcou época, os anos 1960, mas antes de chegar à década de existência do Zicartola é preciso retroceder a um momento anterior, porém fundamental, em que foram criadas as escolas de samba. Um retorno que foi aconselhado pelo sambista, parceiro de Cartola, e professor universitário Nuno Veloso. "Vamos falar um pouco do Zicartola, e para isso nós temos que preceder um pouquinho, falar um pouco da própria escola no tempo que eu comecei a percebê-la, quando eu era muito jovem." Nuno começou a frequentar a escola mangueirense na década de 1950, mas as agremiações já existiam desde o fim dos anos 1920.

O momento de criação das escolas costuma levar a discussões sobre a origem do samba. A maioria dos trabalhos de pesquisa apresenta duas hipóteses. Uma delas explica que o samba foi criado na área portuária da Saúde, influenciado pela comunidade baiana e pelo maxixe em voga na década de 1910 e meados dos anos 1920. A outra versão localiza o surgimento nos morros e subúrbios cariocas, entre as décadas de 1920 e 1930.

Distante do maxixe, o "samba dos morros" se diferenciava do que era cantado pelos músicos do Centro da cidade, pois apresentava uma instrumentação predominantemente percussiva que fundamentou a criação das escolas. Justamente a esta linhagem pertenciam os sambistas que se apresentaram no Zicartola. Foram os "sambistas do morro", "sambistas das escolas", "sambistas de terreiro" que protagonizaram os acontecimentos no sobrado.

As denominações variavam, mas diziam respeito à procedência de compositores como Cartola, Ismael Silva, Elton Medeiros, Nelson Sargento, Paulinho da Viola, entre outros. Todos eles vieram — de bairros, comunidades e épocas diferentes — das escolas de samba.

Ainda que se encontre no "asfalto", a escola simbolicamente se referencia aos sambistas fundadores, profundamente marcados pela experiência de viver nos morros da cidade. Por esse motivo o conjunto pioneiro formado pelos sambistas das escolas foi batizado de A Voz do Morro. Na verdade, participantes do grupo, como Paulinho da Viola e Elton Medeiros, vinham, respectivamente, da Zona Sul, do bairro de Botafogo, e do subúrbio de Brás de Pina, sendo que Elton ainda passou a infância na Glória. Quando eram denominados "sambistas do morro", na década de 1960, a expressão era dirigida a um número mais amplo de músicos reunidos pelo samba tradicional e pela sociabilidade dos terreiros, e posteriores quadras, das escolas. Como afirmou Paulinho da Viola, "foram pessoas das comunidades que fizeram essas agremiações, sendo morro ou não, por exemplo, a Portela não é morro".

A denominação desses sambistas como tradicionais se dá justamente porque seguiam uma linhagem iniciada com a criação das escolas de samba, cujos traços culturais foram transmitidos de uma geração para outra. O que não significa dizer que se trata de elementos culturais e artísticos cristalizados ou fixos num passado distante. Ao contrário, a tradição, nesse caso, figura como um processo que continua em aberto, fincado em fundamentos ancestrais e recriações embaladas pelas heranças da diáspora africana, que continuam em permanente reconfiguração nos movimentos do Atlântico Negro.

Os sambistas das escolas criaram um movimento cultural que pretendeu ensinar à sociedade uma cultura deflagrada no Carnaval — expressa, primordialmente, na música dos tambores e na dança do corpo. Essa atitude teve ressonância no amplo quadro da vida pública brasileira e do imaginário nacional. No fim da década de 1920, o povoamento dos morros e subúrbios estava articulado com práticas culturais próprias e fortes relações comunitárias. "A Mangueira era muito relacionada com o Estácio e com a Portela também. Isso era uma comunidade, porque eles eram mais ou menos da mesma classe social e as formas de lazer deles eram parecidas", afirmou o biógrafo de Cartola, Arthur Oliveira. Por isso as escolas de samba não foram um fenômeno isolado, mas um movimento cultural organizado que, inicialmente, se formou nos arrabaldes onde vivia a população pobre. Um outro aspecto importante para se entender a formação do samba dos morros é a íntima relação com o fundamento religioso que já existia.

Samba e religião se misturavam desde a casa da Tia Ciata, como ficou conhecida Hilária Batista de Almeida, uma das lideranças da comunidade baiana que se instaurou no Rio de Janeiro, entre a Cidade Nova e a Zona Portuária, no fim do século XIX. Em sua casa teria nascido o primeiro samba registrado, cuja autoria foi assinada por Donga e Mauro de Almeida, em 1916, chamado "Pelo telefone", canção influenciada pelo maxixe, ritmo muito popular na época.

Apesar dos relatos sobre a casa da Tia Ciata se referirem a ela como importante mãe de santo, cabe diferenciar o candomblé, consolidado no Rio de Janeiro pela comunidade baiana, da macumba carioca, a qual, de acordo com o folclorista Câmara Cascudo, "na acepção popular do vocábulo, é mais ligada ao emprego do ebó, feitiço, coisa-feita, muamba, mais reunião de bruxaria do que ato religioso como o candomblé".[3] Apesar dessa visão pejorativa, os rituais da macumba possuíam uma musicalidade intensa que influenciou o samba urbano. Não por acaso, os chamados "pontos de macumba" foram gravados pela indústria da música e se tornaram uma espécie de subgênero musical. Luiz Antonio Simas e Luiz Rufino, por sua vez, acrescentam que "a expressão macumba vem muito provavelmente do quicongo *Kumba*: feiticeiro (o prefixo '*ma*', no quicongo, forma o plural). *Kumba* também designa os encantadores das palavras, os poetas".[4]

Definições à parte, o fato é que, no início do século XX, havia pouca diferença para a comunidade dos morros entre samba e religião.

> ARTHUR OLIVEIRA: O samba, na verdade, nada mais é do que a música da macumba carioca que se tornou laica, deixou de ser música religiosa para ser música de lazer. O ritmo, a melodia e os instrumentos eram os mesmos da macumba, apenas os temas dos versos é que já não se referiam à religião. Então você vai ver que todos os grandes sambistas, todos os patriarcas do samba eram pai de santo, e, até uns vinte anos atrás, todos os percussionistas

---

3. Cascudo, Câmara. *Dicionário do folclore brasileiro*. Rio de Janeiro: Ediouro, s/d. p. 530.
4. Simas, Luiz Antonio; Rufino, Luiz. *Fogo no mato: A ciência encantada das macumbas*. Rio de Janeiro: Mórula Editorial, 2018. p. 5.

das escolas de samba também eram ogans, também batiam para o santo nas macumbas, o próprio Cartola era cambono de rua, o cambono é um auxiliar, uma espécie de sacristão do pai de santo.

Para exemplificar que nos primórdios havia pouca diferença para a comunidade dos morros entre samba e religião, Arthur Oliveira falou sobre um trecho de um samba de Carlos Cachaça.

ARTHUR OLIVEIRA: Tem até um samba do Carlos Cachaça, um samba da Mangueira, de fim da década de 1920 que diz assim: "Eu fui a um samba na casa de tia Fé/ de samba virou macumba/ de macumba candomblé". Eles faziam a macumba, quando acabava a macumba, quando acabava a parte do culto, eles começavam a cantar no mesmo ritmo, com o mesmo instrumental. Simplesmente os versos não se referiam mais aos orixás, se referiam às cabrochas.

O samba, de conteúdo profano, costumava ser cantado após os rituais estritamente religiosos. Outro exemplo é o primeiro samba composto por Carlos Cachaça — importante compositor da Mangueira e parceiro de Cartola —, que se chamava "Não me deixaste ir ao samba", uma música do início da década de 1920 que ele só gravou anos depois, em 1976. Os versos mostram o universo religioso e, ao mesmo tempo, festivo, do negro que morava no subúrbio carioca nas primeiras décadas do século XX.

Não me deixaste ir ao samba em Mangueira
Mas tu saíste para brincar no candomblé
Agora espero que tu me mandes embora
Amor tão rude, meu coração não faz fé

As escolas de samba, diante dessas experiências de seus fundadores, não tinham como escapar dessa relação com a religiosidade de matriz africana. "Todas as escolas de samba tinham orixá. O orixá do Salgueiro era o Xangô. O orixá da Mangueira era Oxóssi", afirmou Arthur Oliveira. Um antigo diretor de bateria da Mangueira, mestre Valdomiro, chegou ao morro quando este recebia seus primeiros moradores. Perguntado sobre os tempos antigos das escolas, ele explicou de onde vinha a referência percussiva que influenciou o ritmo das agremiações: "O ritmo do samba não tinha essa organização de hoje. Eram as peças da macumba que a gente usava."[5]

Nuno Veloso, por sua vez, lembrou do início dos desfiles: "O primeiro concurso de escola de samba foi um macumbeiro quem fez, o Zé Espinguela." Sambista e pai de santo, Espinguela possuía um terreiro de macumba em Irajá e foi uma importante referência da cultura popular do Rio de Janeiro. A competição que organizou, apenas de sambas-enredo, aconteceu em 20 de janeiro de 1929 e a Portela, comandada por Paulo da Portela,

---

5. *Nova história da música popular brasileira* (Fascículo Samba). São Paulo: Editora Abril, 1979. p. 4.

foi campeã com "Não adianta chorar", de Heitor dos Prazeres, sambista e pintor que também foi importante para o Zicartola porque, anos depois, em 1964, desenhou a capa do cardápio do sobrado.[6] A ilustração se tornaria símbolo da casa de samba.

Identificado posteriormente como uma expressão própria de experiências urbanas, destituído da função religiosa, o samba das escolas também pode ser relacionado a uma forma de sociabilidade específica dos moradores dos morros e cercanias da Zona Norte do Rio de Janeiro. Ainda que pese essa delimitação, entre as escolas pioneiras está a Vizinha Faladeira, agremiação que representa a área da Saúde e Santo Cristo, alargando um referencial geográfico que vai além da concentração na Zona Norte. O samba se desdobrou e se definiu no amplo mapa social da cidade, o que dificulta as tentativas de localização de um berço originário.

O fato é que o chamado samba de morro se diferenciava do formato da geração da Zona Portuária. A influência que estes últimos tinham do maxixe e a proximidade com o choro seria uma das diferenças principais. Apesar disso, filho de uma matriarca baiana moradora da Saúde, Donga definiu nesse bairro o local de origem do samba: "Na minha casa se reuniam os pioneiros, os sambistas",[7] disse ele. Essa afirmação não leva à

---

6. Fernandes, Antônio Barroso (org.). *As vozes desassombradas do Museu*. Rio de Janeiro: Museu da Imagem e do Som, 1970. p. 74.

7. Cartola também participou do concurso representando a Mangueira com o samba "Beijos". Embora a disputa de 1929 tenha ficado conhecida

necessidade de discutir um espaço originário, mas se torna mais esclarecedora para perceber que a palavra samba diz respeito, em muitas situações, a experiências distintas no espaço e no tempo.

O que não quer dizer que músicos da Zona Portuária, como João da Bahiana, Donga, Sinhô ou Pixinguinha, estivessem alheios ou não fizessem parte das expressões populares, mas, na verdade, eles tinham uma posição social diferenciada dos moradores das encostas cariocas. Um exemplo dessa distância é que entre os músicos que tocavam na praça Onze e no Centro da cidade havia uma inserção no meio profissional como instrumentistas que ainda não existia para os compositores dos morros, os quais, pelo contrário, desconheciam a possibilidade comercial da música que faziam.

Ironicamente, no fim da década de 1920, foram esses sambistas que serviram aos interesses econômicos do emergente sistema de rádio: os fundadores, nas comunidades em que viviam, das agremiações carnavalescas. O samba dos morros foi o primeiro produto musical do rádio brasileiro. Em 1922, quando chegou ao país, o veículo estava numa fase experimental, havia poucos aparelhos e os programas veiculavam normalmente música erudita. Ao mesmo tempo, o samba interessava ao pro-

---

como o primeiro concurso de escolas de samba, Lira Neto, no seu livro *Uma história do samba: As origens*, a partir de uma notícia publicada no jornal *A Manhã*, afirma que o primeiro concurso organizado por Espinguela acontecera um ano antes, em fevereiro de 1928.

jeto nacionalista do governo de Getúlio Vargas, incentivador e divulgador da produção brasileira em diversos setores.

Entre os interesses que envolviam Getúlio e o rádio nascente, dois fatos marcantes aconteceram em 1932. Um deles foi a mudança da legislação brasileira, que passou a permitir o uso da propaganda nas emissoras do país, abrindo caminho para o patrocínio de empresas multinacionais nos programas, impulsionando um mercado até então inexistente. O espaço aberto para a publicidade permitiu a existência tanto do rádio oficial, sem fins lucrativos, quanto do rádio comercial. Este último acabou por se tornar hegemônico na radiodifusão brasileira. O outro acontecimento emblemático desse ano foi a criação dos desfiles das escolas de samba, pelo jornal *Mundo Sportivo*, realizado na praça Onze. O diário, comandado por Mario Filho, resolveu criar o evento carnavalesco porque justamente nesse período de folia não havia notícias sobre o mundo do esporte, o foco principal.

O rádio comercial, o desfile das agremiações carnavalescas e a política nacionalista de Vargas contribuíram para o acesso do samba ao grande público. Dessa forma, se tornava conhecido um novo ritmo, trazido do ambiente rural, dos antigos cafezais do Vale do Paraíba, de onde saíram os negros após a decadência das fazendas de café, desembarcando de trem nos subúrbios, ocupando os morros. O legado dessa musicalidade rural que seus descendentes transformariam no samba urbano. Um novo gênero influenciado pelo Carnaval.

O movimento das escolas se apresentou à sociedade por meio da festa do Carnaval, na qual o samba "surge característico"[8] nas palavras do jornalista, escritor e compositor Orestes Barbosa. Esse movimento das escolas de samba, apesar de fortemente marcado pela cultura dos morros cariocas, das comunidades que as batizaram, também era influenciado pelas experiências carnavalescas — cordões, ranchos, sujos, zés-pereiras, blocos, embaixadas — de um espaço de sociabilidade popular que se tornou célebre, a praça Onze. Arthur Oliveira explicou o motivo dessa confluência.

ARTHUR OLIVEIRA: Na praça Onze vinha o pessoal da cidade. Do Estácio para a praça Onze são quinze minutos a pé. O pessoal do subúrbio vinha de trem, desembarcava na Central do Brasil. Da Central para a praça Onze são também outros quinze minutos. Quanta gente pegou aquilo arrastando a sandália, porque a sandália era um elemento da bateria de escola de samba. Eles vinham só arrastando a sandália.

As agremiações nasceram das experiências comuns vivenciadas no Carnaval popular, festa cujo reduto ficava na praça Onze. Eneida, importante historiadora do Carnaval, escreveu que a praça Onze era "cercada de clubes e ranchos". Devido a essa convergência que culminou com a criação do desfile das escolas de samba, a praça Onze se tornou a "sede, o berço, a

---

8. Barbosa, Orestes. *Samba: Sua história, seus poetas, suas músicas e seus cantores*. Rio de Janeiro: Funarte, 1978. p 23.

mãe protetora". Para Eneida, o que se via era "um novo tipo de Carnaval: o Carnaval do povo, das favelas, o Carnaval do morro, o carnaval do samba".[9] Por meio da organização das escolas, os ritmistas e compositores apresentavam algo novo: um cortejo em que se celebrava a batucada e o corpo, embalado pela cantoria de sambas.

Vizinho à praça Onze, outro lugar mítico é o Estácio, bairro onde nasceu o Deixa Falar, para muitos considerada a primeira escola de samba. Sérgio Cabral, no entanto, escreveu que o Deixa Falar "nunca foi escola de samba. Foi, na verdade, um bloco carnavalesco (e, mais tarde, um rancho), criado no dia 12 de agosto de 1928". [10]

A influência desse bloco organizado pelos malandros e valentes do Estácio foi fundamental para a criação das escolas, de forma que a difusão desse movimento se generalizou, alçando compositores de outras áreas da cidade. Cartola fez coro com vários sambistas veteranos que citam a importância do Estácio: "A gente desfilava nos domingos de Carnaval na praça Onze e, às segundas-feiras, o pessoal do Estácio vinha aqui para o morro. Na terça-feira, a Mangueira ia ao Estácio. A amizade era muita." Quanto às hipóteses relativas à primeira escola fundada no Rio de Janeiro, para Cartola o "Estácio era a esco-

---

9. Eneida. *História do carnaval carioca*. Rio de Janeiro: Record, 1987. p. 198.
10. Cabral, Sérgio. *As escolas de samba do Rio de Janeiro*. Rio de Janeiro: Lumiar Editora, 1996. p. 41.

la mais velha, não vamos discutir isso". Mais ainda, o compositor afirmou que, na Mangueira, esses sambistas pioneiros eram respeitados "como os mestres do samba".[11] O compositor mangueirense também mostrou esse respeito em "Velho Estácio", parceria com Nelson Sargento:

> Muito velho, pobre velho
> Vem subindo a ladeira
> Com a bengala na mão
> É o Estácio, velho Estácio
> Vem visitar a Mangueira
> E trazer recordação

Elton Medeiros também reafirmou a importância dos bambas do Estácio, acrescentando que poucas pessoas se referem à música revolucionária criada por esses sambistas. Para Elton, "da mesma forma que se fala da turma da bossa nova, não se fala da turma do Estácio. Até 1928, o samba era maxixado. Em 1928 eles mudaram o samba, eles mudaram a rítmica do samba, que é esse samba que nós tocamos hoje".

Os responsáveis por essa revolução foram Ismael Silva, Bide, Rubem Barcelos, Edgar, Aurélio Gomes, Baiaco, Brancura, Heitor dos Prazeres, Juvenal Lopes, João Mina, Tancredo Sil-

---

11. Silva, Marília T. Barboza da; Oliveira Filho, Arthur L. de. *Cartola: Os tempos idos*. 2ª ed. Rio de Janeiro: Funarte/INM/DMP, 1989. p. 46.

va, entre outros jovens sambistas do Estácio, que se tornaram fundadores do Deixa Falar. Entre as inovações do grupo que revolucionaram o samba estavam a invenção do surdo de marcação, criado por Bide, e a introdução da cuíca feita por João Mina, além do tamborim que foi incorporado pelos bambas do Estácio. Todos esses instrumentos contribuíram para que um novo samba pudesse ser cantado, dançado e, ao mesmo tempo, acompanhado por ritmistas durante os desfiles. Era o samba de sambar citado por Ismael Silva.

Uma grande referência desse novo período foi o irmão de Bide, Rubem Barcelos. Se não consta o nome dele em gravações ou autorias de sambas, é reverenciado na memória de antigos sambistas que, como escreveu Sérgio Cabral, lembravam dele "com um misto de admiração e de emoção".[12]

Por isso Bucy Moreira, neto de Tia Ciata, o apontou como "principal criador do novo tipo de samba". Bucy lembra que certa vez encontrou alguns ritmistas tocando reunidos, aos quais perguntou que música era aquela que batucavam. A resposta: "Um samba moderno que o Rubem fez."[13]

Apesar da memória mítica de Mano Rubem, o grande nome do Estácio que ficou como seu maior compositor foi Ismael Silva, que anos mais tarde ressurgiria no Zicartola depois de um longo período de esquecimento. Foi Ismael quem cunhou a

---

12. Cabral, Sérgio. *Op. cit.* p. 35.
13. Idem. p. 34.

brilhante onomatopeia "bum bum paticumbum prugurundum" para definir o que ele chamava de "samba de sambar", criação seminal do grupo do Estácio em contraposição ao samba maxixado de Donga, Sinhô e João da Bahiana. Nas décadas seguintes à criação do Deixa Falar, os desfiles começaram a crescer, agigantando também as escolas. Até chegar a meados dos anos 1960, quando o sobrado da rua da Carioca surgiu como um espaço de alternativas e novas propostas.

Como afirmou o jornalista Lúcio Rangel, o Zicartola "trouxe de volta não só Cartola como outros sambistas que estavam esquecidos: o Ismael Silva, o Nelson Cavaquinho, o próprio Zé Kéti. E esses meninos que estão brilhando hoje: Elton Medeiros, Paulo Viola, Sargento".[14] O comentário de Lúcio Rangel mostra que os nomes citados, e ainda muitos outros, permaneciam silenciados pela indústria cultural do início dos anos 1960, cuja máquina repercutia principalmente os cantores da bossa nova e músicos estrangeiros. Os sambistas esquecidos voltaram à cena musical da época devido ao sucesso do Zicartola e dos eventos que despertou. Antes disso, diversos fatores contribuíram para o esquecimento sofrido pelos sambistas tradicionais, em oposição à crescente popularidade das escolas de samba.

---

14. Depoimento de Cartola. Projeto *Fita meus olhos*. Rio de Janeiro: Uerj, Departamento Cultural: Fundação Museu da Imagem e do Som, 1998. p. 13.

3. Os sambistas esquecidos

> Sei que estou
> No último degrau da vida, meu amor
> Já estou envelhecido, acabado
> E por isso muito tenho chorado
> Eu não posso esquecer o meu passado
>
> NELSON CAVAQUINHO,
> "DEGRAUS DA VIDA"

Os sambistas tradicionais ficaram esquecidos na memória musical do país durante os anos 1940 e 1950. Um esquecimento que foi consequência dos acontecimentos pós-1930. Absorvido por instituições como o rádio e o Estado, o samba não foi cantado pelas vozes do morro. Os artistas das favelas se inseriram no mercado da música a partir de negociações que fizeram com o sistema vigente. Negociações que, na verdade, surgiram na frente deles como uma situação de vida que tornava necessária uma decisão.

É possível falar episodicamente desses momentos. A começar pelo próprio encontro dos sambistas com os cantores do rádio. No fim dos anos 1920, Mário Reis procurou Cartola para propor a compra de um samba. Esse tipo de transação acontecia sem que o compositor soubesse, intermediada por um guarda-civil chamado Clóvis.

A reação de Cartola ficou célebre, ele não conseguia compreender como alguém podia querer comprar uma manifestação musical, algo tão intangível quanto o ar que se respira. Ele mesmo lembrou, tempos depois, que "não sabia que se vendia samba". Para o sambista da Mangueira, compor samba era uma prática comunitária, ainda que também fosse uma forma de expressar sentimentos individuais. No final das contas, Mário Reis comprou "Que infeliz sorte", o primeiro samba gravado de Cartola, lançado num 78rpm da Odeon, em 1929, interpretado por Francisco Alves.

Em 1932, a dupla Mário Reis e Francisco Alves gravaria outro samba de Cartola, "Perdão, meu bem", lançado também num 78rpm da Odeon. "Daí eu acostumei, continuei a vender",[15] disse Cartola, lembrando do período em que comercializava suas composições e as vendia para os melhores cantores da época, como Francisco Alves, "O Rei da Voz", mas sempre exigindo que o nome dele aparecesse como autor no disco. Embora tenha mantido uma ética rara na história do comércio de sambas, Cartola não conseguiu deixar de viver do trabalho como pedreiro e pintor de paredes. Aliás, o apelido surgiu do hábito de ele usar um chapéu-coco para impedir que a tinta lhe caísse na cabeça enquanto trabalhava.

---

15. Cartola. *Op. cit.* p. 13.

Nascido em 1908, com menos de 30 anos Cartola viu seu nome transpor os limites do morro para ficar conhecido na cidade, mas não era sua voz que interpretava as canções que fizera, o que fazia com que a situação social dele se mantivesse igual à da maioria dos negros pobres moradores das encostas cariocas. Como sugere o título dado pela imprensa a Francisco Alves, o que era valorizado na época eram as vozes potentes e os cantores afinados com os padrões sociais da época. Arthur Oliveira falou sobre essa apropriação que correspondia aos anseios do rádio e de seu público.

ARTHUR OLIVEIRA: O samba eclodiu ao mesmo tempo em que o rádio. Quando o negro gostava de uma mulher ele ia para o canto com uma caixa de fósforos e cantava: "Ela me deixou...", não tinha violão, depois quando eles iam tocar isso no rádio para gravar tinha que ter uma musiquinha, porque a sociedade global não ia entender uma coisa acompanhada só de caixa de fósforos.

Um exemplo pode ser encontrado em Orestes Barbosa. Além de ter sido um intelectual com vivência de estudos no exterior, o poeta de "Chão de estrelas" também era frequentador das batucadas dos subúrbios e morros. No seu clássico livro sobre o ritmo que nascia — intitulado *Samba: Sua história, seus poetas, suas músicas e seus cantores*, escrito no calor da hora, em 1933 — o jornalista e compositor apresentou Mário Reis, cantor que "pegou a cabrocha de galho de arruda atrás da orelha e o mulato bamba, elevando-os". Para Orestes, o samba podia alcançar até mesmo a "imortalização", mas só através da mediação "salvadora" e "dignificante" de um intérprete como Mário Reis, de "pele clara e olhos cor de mel".[16]

Mesmo que ao venderem suas composições também deixassem de interpretar suas músicas, para alguns sambistas esse esquema era interessante. Esse fato foi registrado por outro cronista do momento, Francisco Guimarães, que também em 1933 publicou o livro *Na roda de samba*, no qual criticava todos os que participavam desse sistema de compra e venda.[17] Um dos alvos dele era Ismael Silva, que vinha a ser favorável a essa situação muito provavelmente porque gostava de se manter financeiramente da composição de seus sambas, o que para ele não se tratava de trabalho, mas de uma forma de "viver na malandragem". Ismael, no caso, desde que começou a vender seus sambas, deixou o emprego como funcionário da Estrada de Ferro Central do Brasil.

O malandro era um personagem que venerava a vadiação e as virações, a capoeira, o samba e os terreiros. Criou uma linguagem, um vestuário, uma ética e uma mítica completamente novos, que envolviam corpo fechado, terno branco, lenço de seda no pescoço e navalha no bolso, conforme o samba polêmico de

---

16. Barbosa, Orestes. *Op. cit.* p. 47 e 48.
17. Guimarães, Francisco. *Na roda de samba*. Rio de Janeiro: Typographia São Benedito, 1933.

Wilson Baptista, justamente intitulado "Lenço no pescoço", no qual os versos afirmavam: "Eu passo gingando/ provoco e desafio/ eu tenho orgulho de ser tão vadio". Incomodado com a ode à malandragem e à vinculação do sambista ao vadio, Noel Rosa respondeu com "Rapaz folgado", cujos versos obviamente se referiam ao samba de Wilson Baptista: "E tira do pescoço o lenço branco/ Compra sapato e gravata/ Joga fora essa navalha/ Que te atrapalha." Há quem diga que o verdadeiro motivo da resposta de Noel foi uma dançarina do Dancing Apollo pela qual o poeta da Vila estava interessado, mas que havia se enamorado do sambista malandro. O certo é que nesse momento se iniciava a mais famosa polêmica da música brasileira, que resultou em outros sambas, entre eles o antológico "Palpite infeliz", de Noel Rosa.

Também chamado de bamba, ou bambambã, nomes que evidenciam matrizes afrodiaspóricas banto, o malandro se dedicava à cafetinagem, aos jogos de azar e à venda de sambas. Não por acaso, se tornou um personagem emblemático do Rio de Janeiro e, principalmente no samba, um tema inesgotável. Sambista e malandro. Ismael deixou claro que possuía essas qualidades na música "O que será de mim", de 1931.

> Minha malandragem é fina
> não desfazendo de ninguém
> [...]
> eu vou chamar Chico Viola
> que no samba ele é rei
> ("Dá licença, seu Mário")

Chico Viola era o apelido de Francisco Alves, que também cantava em dupla com "seu Mário", o cantor Mário Reis, e ambos faziam grande sucesso como intérpretes. Os sambistas tradicionais, ao contrário, eram nomes conhecidos pela autoria das composições, costumavam vender seus sambas aos cantores e muitos deles acabavam também por assinar a parceria da canção.

O comércio e a autoria de sambas constituem um capítulo à parte na música brasileira. Existem muitas histórias de plágios e muitos já assinaram parceria sem ter composto um verso ou uma melodia, muitos autores tiveram roubadas suas ideias e muitos sambistas foram omitidos de suas composições. De forma que em poucos lugares, como o Café Nice, que ficava na atual avenida Rio Branco — reduto de cantores e compositores de rádio —, se podia dizer tão apropriadamente que "as paredes tinham ouvidos", tamanha a desconfiança que pairava no ar, conforme descreveu o jornalista Nestor de Holanda — outra testemunha dos acontecimentos — no seu livro sobre o Nice.[18]

A relação dos sambistas com os cantores e o encaminhamento do samba do morro para as rádios acabou influenciando bastante a musicalidade. Orquestras e grupos regionais de choro — violão, pandeiro, cavaquinho e flauta — foram incor-

---

18. Holanda, Nestor de. *Memórias do Café Nice: Subterrâneos da música popular e da boêmia do Rio de Janeiro*. Rio de Janeiro: Conquista, 1969. Nesse livro o autor usa o termo "compropositor", que alude ao comércio de músicas que acontecia no antigo café.

porados aos sambas, que nos meios comunitários eram tocados basicamente com instrumentos de percussão. Essa habilidade percussiva possibilitou, por exemplo, que a caixa de fósforos acompanhasse os "bambas" quando mostravam suas músicas aos cantores. Mas havia pouco espaço para que eles cantassem, o que começou a acontecer também com as composições.

Com a popularização do rádio surgiram compositores da classe média que se apropriaram do samba. Um fator popularizado pela figura do talentoso Noel Rosa, que fez várias incursões ao Buraco Quente para encontrar Cartola e o samba batucado da Mangueira. Impressões marcadas em composições como "Quando o samba acabou", de 1933.

> Lá no Morro de Mangueira
> Bem em frente à ribanceira
> Uma cruz a gente vê
> Quem fincou foi a Rosinha
> Que é cabrocha de alta linha
> Que nos olhos tem seu não sei quê

A cabrocha Rosinha "pra dois malandros olhou a sorrir", por esse motivo eles depois se encontrariam "pra conversar e discutir". A cruz que ela fincou no Morro da Mangueira foi resultado desse encontro. Esse trecho da canção mostra que Noel assimilara os atores clássicos do drama dos morros da época — a cabrocha e o malandro. É o mesmo momento em que gradativamente o samba das rádios vai assumindo o perfil de outros compositores. Nomes como Ary Barroso, João de Barro e Lamartine Babo começaram a se estabelecer na paisagem sonora do Carnaval e da música carioca. Além dos citados acima, dois baianos se destacaram com suas composições. Assis Valente e Dorival Caymmi chegaram ao Rio de Janeiro no fim dos anos 1930, quando compuseram sambas para Carmen Miranda.

Difundido pelo rádio, o samba se transformou em música nacional. Mas muitas composições que contribuíram para esse imaginário não faziam parte do repertório dos sambistas tradicionais. Segundo Nuno Veloso, eles encaravam esses sambas, como "Aquarela do Brasil", de Ary Barroso, de forma crítica: "O que virou música nacional, para nós, tinha uma série de problemas. Por exemplo, o samba que faz mais sucesso fora do Brasil fala de 'Brasil brasileiro', podia ser Brasil belga?"

De qualquer maneira, foram Francisco Alves, Mário Reis, Cyro Monteiro que começaram a cantar os sambas dos morros, depois se juntaram a eles outros cantores e cantoras, como Carmen Miranda, Dalva de Oliveira e Aracy de Almeida, que começaram a gravar outros compositores, como Noel Rosa, Ary Barroso, Assis Valente, Lamartine Babo e Dorival Caymmi.

O Carnaval, berço do samba no Rio, também sofreu duas importantes mudanças. Em 1935, o desfile das escolas foi incluído no calendário da festa promovido pela prefeitura. Antes disso, as escolas atraíam o interesse do público e de algumas instituições comerciais, mas conforme escreveram Marília Barboza e Lígia Santos, eram "apenas entidades carnavalescas marginais, desfilando por conta própria na praça Onze".[19] Depois, no decorrer da década de 1940, o governo Henrique Dodsworth decretou o fim desse lugar. Com a passagem da "navalha" que viria abrir a avenida Presidente Vargas, caiu o pano sobre o palco onde as escolas de samba desfilaram e manifestações diversas do Carnaval popular se apresentaram. Um samba ecoou pela cidade num lamento de despedida:

> Vão acabar com a praça Onze
> Não vai haver mais escola de samba,
> Não vai.
> Chora o tamborim
> Chora o morro inteiro
> Favela, Salgueiro, Mangueira, Estação Primeira,
> Guardai os vossos pandeiros, guardai,
> Porque a escola de samba não sai

O samba "Praça Onze" foi o grande sucesso do Carnaval carioca de 1942, composto por Herivelto Martins e Grande Othelo. A gravação, de 1941, de Castro Barbosa e o Trio de Ouro, ao contrário das que eram marcadas pelos instrumentos de

---

19. Silva, Marília Trindade Barboza; Santos, Lígia. *Paulo da Portela — Ponto de união entre dois mundos*. Rio de Janeiro: Funarte, 1980. p. 56.

orquestra, destacou a batucada intensa e o lamento com que "chora o tamborim/ chora o morro inteiro". Um dos autores da homenagem era Herivelto Martins. O compositor veio do interior do Rio de Janeiro, era branco, morou no Morro do Pinto, começou a carreira cantando pontos de macumba no conjunto de J.B. de Carvalho e fixou-se no meio profissional das rádios com composições de gêneros diversos, tornando-se famoso por ter composto "Ave Maria no morro". Além disso, fez parte do Trio de Ouro ao lado de Nilo Chagas e Dalva de Oliveira. A cantora foi casada com Herivelto e o romance dos dois se tornou um dos mais conturbados da música brasileira.

O outro autor da composição era Sebastião Bernardes de Souza Prata — o Grande Othelo. A vida de Grande Othelo revela os caminhos do artista negro das décadas iniciais da República. Os pais dele viveram no interior de Minas Gerais o momento de transição entre o fim da escravidão e a abolição da escravatura. Reunindo a herança africana com as experiências das casas das famílias brancas que o adotaram, Othelo partiu para o encontro definitivo com a vocação para a qual tinha inegável talento: a arte.

Participou como ator da Companhia Negra de Revistas, das chanchadas da Atlântida, e foi perambulando pela metrópole carioca — por antros boêmios, favelas, bares e cassinos — que passou a ter "uma visão privilegiada da cidade". Experiências que conjugaram para que Grande Othelo se expressasse como sambista, o que, "para ele, era mesmo uma coisa tão maravilhosa como ser artista de cinema, e seu lado de compositor era invariavelmente despertado".[20]

A própria carreira cinematográfica de Othelo lhe possibilitou assumir os dois papéis, quando, em 1957, protagonizou o filme *Rio, Zona Norte*, de Nelson Pereira dos Santos, no qual interpretava Espírito, um compositor do morro que vivia os dramas a que era submetido devido a uma precária condição social. Pobre, mas respeitado na comunidade, é assediado por um "compositor" branco, que percebe a qualidade dos sambas de Espírito e faz o papel de mediador da sonoridade da favela com o universo das rádios. Espírito é enganado, a parceria — na verdade havia composto o samba sozinho — lhe é negada. Ao tentar reivindicar essa situação, vai até o Centro da cidade, mas não obtém sucesso e tem um fim trágico na volta para o subúrbio, quando cantarolava um samba equilibrado perigosamente à porta do vagão de trem.

O filme de Nelson Pereira retratou o esquecimento vivido pelos sambistas dos morros ainda nos anos 1950, duas décadas depois do samba das escolas ter se tornado nacionalmente conhecido. Apesar do sucesso das agremiações, não eram muitas as oportunidades para os sambistas. A maioria não encontrava espaço nos veículos de comunicação. Ainda assim, seus sambas eram cantados e conhecidos nas comunidades, o que mostrava

---

20. Moura, Roberto. *Grande Othelo: Um artista genial*. Rio de Janeiro: Relume Dumará-Prefeitura, 1996. pp. 26 e 13.

a permanência de uma musicalidade que mantinha aspectos tradicionais.

Filmado em meados dos anos 1950, década marcada pelo desenvolvimentismo de Juscelino Kubitschek, *Rio, Zona Norte* expôs uma vivência do morro em contraste com os anseios da modernidade brasileira, um cenário oposto às expectativas de um modelo de progresso urbano. O próprio cineasta afirmou isso: "Foi um momento de reconhecimento de nossa realidade social." A música de Zé Kéti marcou a parceria inaugurada com *Rio, 40 graus*, em 1954. Conforme contou o cineasta:

> NELSON PEREIRA: Meu compadre Zé Kéti foi meu grande embaixador carioca. Eu ainda era paulista, tinha pouco tempo de Rio de Janeiro e inventei de fazer o *Rio, 40 graus*. Por sorte alguém me apresentou o Zé Kéti. Foi o jornalista, já falecido, Vargas Junior, que também era sambista e tinha sido parceiro do Zé Kéti. Com o Zé Kéti eu fui subir o morro, conhecer escola de samba. E ele fez a música do *Rio, 40 graus*. Depois eu inventei o *Rio, Zona Norte* muito inspirado na vida do Zé Kéti.

Além de ter sido o mediador que apresentou o cineasta paulista ao ambiente dos morros e do samba do Rio de Janeiro, Zé Kéti também o inspirou a criar o anti-herói sambista de *Rio, Zona Norte*. A ideia de fazer *Rio, 40 graus*, no entanto, veio antes do encontro com Zé Kéti. Nelson Pereira chegou ao Rio no início dos anos 1950, para trabalhar com cinema na cidade. Essa experiência o levou a ter o primeiro contato com a realidade das favelas cariocas.

NELSON PEREIRA: Eu vim ao Rio para fazer cinema, em 1952, para trabalhar com o fotógrafo e diretor Rui Santos, que eu havia conhecido em São Paulo durante a filmagem de *O saci*. Eu era assistente de direção e o Rui era diretor de fotografia. E o Alex Vianny também fazia parte da equipe na área de produção. Quando acabou o filme o Rui me convidou para vir ao Rio trabalhar com ele aqui. Mas o projeto do Rui estava demorando a acontecer e o Alex Vianny me chamou para ser assistente de direção do *Agulha no palheiro*, e foi aí que comecei minha carreira profissional no Rio. Depois, como assistente de direção, fui contratado para fazer um filme chamado *Balança, mas não cai*, baseado naquele programa famoso. E esse filme era produzido num estúdio que ficava no Jacarezinho. E graças aos amigos da equipe eu fui conhecer a comunidade do Jacarezinho. Daí veio a ideia de fazer um filme focalizando o ambiente da favela. *Rio, 40 graus* veio antes do Zé Kéti. Essa proximidade do Jacarezinho foi que me levou a pensar num filme sobre a favela carioca. Eu inventei a história dos meninos que vão à cidade vender amendoim. É uma rapsódia do Rio de Janeiro.

Esse mergulho no cotidiano das favelas cariocas e o encontro com Zé Kéti resultaram nos primeiros filmes de Nelson Pereira, profundamente influenciados pelas experiências vividas na periferia da cidade. Devido a *Rio, 40 graus* e *Rio, Zona Norte* o cineasta é apontado como desbravador de um campo que era ainda desconhecido por diversos intelectuais e artistas vindos da Zona Sul carioca: o universo da cultura popular. Por isso a afirmação de Carlos Lyra: "Nelson Pereira dos Santos é pioneiro." Foi a sua obra que propiciou ao compositor da bossa nova conhecer Zé Kéti, cujo nome lhe havia sido apresentado pelo protagonista de *Rio, Zona Norte*. "Grande Othelo foi quem me falou do Zé Kéti", explicou Carlos Lyra. "Quando o encontrei na gravadora eu já sabia que ele tinha feito o *Rio, 40 graus*. Era um compositor maravilhoso, comecei a conversar com o Zé e começamos a nos aproximar."

Nascido em 1921, Zé Kéti tinha pouco mais que 30 anos quando conheceu Nelson Pereira dos Santos. Integrante da ala de compositores da Portela, havia feito relativo sucesso em 1954 com o samba "Leviana", gravado por Jamelão, mesmo ano em que *Rio, 40 graus* foi lançado. Sua música mais conhecida, "A voz do morro", seria gravada por Jorge Goulart dois anos depois, em 1956, um ano antes de *Rio, Zona Norte* chegar às telas dos cinemas.

O filme de Nelson Pereira retrata por meio do personagem Espírito uma situação que era vivida por diversos sambistas que buscavam o caminho das rádios e a gravação de seus sambas. Cartola, por exemplo, vivia o esquecimento imposto aos compositores dos morros. Numa madrugada do início dos anos 1950, o sambista da Mangueira trabalhava como lavador de carros numa garagem em Ipanema, quando deixou o serviço por um momento e se dirigiu a um botequim próximo, em busca de uma bebida para esquentar o corpo. Tinha quase 50 anos e o trabalho árduo não cabia à idade e ao estado de saúde dele.

Provavelmente não esperava pelo encontro que estava para acontecer. Um homem alto, de rosto redondo, o abordou. Era Sérgio Porto, o cronista que também assinava com o nome de Stanislaw Ponte Preta. Ao ver aquele senhor franzino se debruçar sobre o balcão, se lembrou de Cartola, o "divino", como o tio o chamava, o também cronista Lúcio Rangel. Para Sérgio Porto o compositor da Mangueira estava morto, mas quando Cartola lhe confirmou quem era, Sérgio transformou aquele encontro numa descoberta e tentou reintegrá-lo ao mercado da música.

Cartola havia sido esquecido pelo público, pelas gravadoras e pelas rádios no fim dos anos 1940. Como numa sucessão de tragédias, o sambista teve uma meningite grave, aos 38 anos, que o deixou um ano praticamente paralisado, ficou viúvo — perdeu a esposa, Deolinda — e, por fim, se apaixonou por Donária, com quem foi morar no Caju, um amor conturbado que o levou a se afastar da Mangueira durante cerca de sete anos e o fez sofrer dores que lavava com pesadas bebedeiras de cachaça. Até mesmo o violão havia ficado de lado.

Cartola estava afastado do ambiente profissional da música, embora o nome dele tivesse se tornado uma lenda nas décadas de 1930 e início dos anos 1940, quando teve suas composições gravadas na voz dos maiores cantores da música brasileira da época, entre eles, Carmen Miranda, Mário Reis, Francisco Alves, Silvio Caldas, Aracy de Almeida e Ataulfo Alves. Muitas dessas composições fizeram bastante sucesso, principalmente "Divina dama", gravada por Francisco Alves em 1933. Entre 1942 e 1964, no entanto, Cartola só gravou três sambas, sendo que um deles foi gravado num disco que não seria distribuído comercialmente. O compositor vivia uma situação difícil, que encontrava paralelo na geração de sambistas à qual pertencia.

Em 1949, o Rio de Janeiro chorou a morte de Paulo da Portela, que havia quase uma década estava afastado da escola de samba que fundou. Ao ver Cartola e Heitor dos Prazeres serem proibidos de participar do desfile de Carnaval da agremiação azul e branca — porque estavam sem fantasia —, Paulo, desgostoso, deixou a Portela no início dos anos 1940. O trio vinha de uma apresentação em São Paulo. Ao chegarem à cidade carioca, em plena festa de Momo, logo os sambistas se puseram a desfilar. Passaram pela Mangueira de Cartola e pela De mim ninguém se lembra, de Heitor dos Prazeres, mas não puderam fazer o mesmo na Portela. Embora não tivesse sido impedido de desfilar, Paulo se juntou aos amigos e deixou a escola azul e branca para sempre. Refugiou-se na Lira do Amor, em Bento Ribeiro, onde passou os últimos anos de vida.

Ismael Silva, por sua vez, estava há dez anos afastado das gravadoras e rádios quando, em 1950, compôs o samba "Antonico", no qual — através do personagem Nestor — retratou poeticamente as mazelas sofridas, o que se pode perceber nos versos iniciais da canção: "Oh, Antonico, vou lhe pedir um favor/ que só depende da sua boa vontade/ é necessário uma viração pro Nestor/ que anda vivendo em grandes dificuldades." Outro sambista, Geraldo Pereira, entre 1948 e 1950, estava brigado com Cyro Monteiro — seu padrinho e principal intérprete —, e nesse período gravou apenas seis sambas.

Na metade da década as coisas melhoraram para Ismael, que ao lado de Pixinguinha e Ataulfo Alves se apresentou no espetáculo *O samba nasce do coração*, em 1955. Nesse mesmo ano Geraldo Pereira reencontrou o sucesso, quando Cyro Monteiro, reatada a amizade, cantou o samba "Escurinho", um dos mais conhecidos de sua discografia. No entanto, também em 1955, o compositor morreu num hospital, para onde foi levado depois de uma briga na Lapa com o lendário Madame Satã. Não foi o golpe do malandro que o matou, mas as complicações hepáticas surgidas devido ao excesso de álcool. Após sua morte ficou a história de que pretendia compor um outro samba, no qual seu personagem, "um escuro direitinho" que passou a ter "mania de brigão", se arrependeria dos desfeitos. O "escurinho", no entanto, não teve tempo de se regenerar.

Mesmo que conseguisse compor músicas de sucesso, o sambista não tinha a vida modificada a ponto de que seus problemas financeiros fossem resolvidos. Wilson Baptista, embora tivesse conseguido manter um número regular de composições até meados dos anos 1950, ganhava dos que lhe compravam os sambas — muitas vezes também a parceria — "em geral o suficiente para sua sobrevivência por poucos dias".[21] Outro exemplo é o de Zé Kéti, compositor do já mencionado samba "A voz do morro", que o tornou nacionalmente conhecido. A fama, porém, não lhe trouxe mudanças financeiras significativas, porque o sambista dependia de uma arrecadação de direitos autorais que se mostrava ineficiente.

Nelson Cavaquinho, menestrel sambista, também já tinha alcançado sucesso com a gravação de cantores famosos, como Dalva de Oliveira, que em 1945 registrou o antológico "Palhaço", e Cyro Monteiro, que no ano seguinte gravou o também clássico "Rugas". Mesmo depois disso, continuou dependendo da "venda de composições a quitandeiros, donos de bar ou hotel".[22] Diante dessa situação, a voz rouca de Nelson Cavaquinho entoou seu lamento através do samba "Degraus da vida", que foi cantado pela primeira vez por Roberto Silva, em 1961.

Diante desse cenário, Sérgio Porto foi quem deu o primeiro passo para que Cartola ressurgisse para o público. A partir do encontro que tiveram, ele começou a tentativa de reintegrar o sambista da Mangueira no meio profissional da música. Uma iniciativa que encontrou dificuldades de levar adiante. O escritor não teve sucesso, segundo contou o próprio Cartola: "Sérgio me levou para a Rádio Mayrink Veiga. Enquanto ele ficou lá eu

---

21. Wilson Baptista. *Nova história da música popular brasileira*. São Paulo: Editora Abril, 1979. p. 6.

22. Nelson Cavaquinho. *Nova história da música popular brasileira*. São Paulo: Editora Abril, 1979. p. 4.

me escorei. Cheguei a fazer músicas, a trabalhar, mas, infelizmente, o samba não estava na moda."[23]

O que estava na moda era Copacabana, o samba-canção e o bolero. Esses ritmos que ecoavam das rádios acirravam o esquecimento imposto aos sambistas tradicionais. Segundo Nuno Veloso explicou: "Com os cassinos começaram a vir cantores estrangeiros cantando boleros, essas músicas tocavam muito mais no rádio, o pessoal aprendia mais isso do que o samba, que só aparecia no Carnaval."

A década de 1950 não apresentava muito espaço para o samba tradicional. Ao contrário, uma outra vertente de samba marcava presença constante na programação das rádios. Como lembrou Sérgio Cabral: "A música que fazia sucesso, que vendia discos, era samba-canção, samba de fossa, vendia bastante na década de 1950." O jornalista também afirmou que a música de outros países encontrava acolhida na indústria cultural brasileira: "Vendia muito a música estrangeira, ou uma versão da música estrangeira, isso acontecia muito, versão em português."

Depois de ter participado da criação do movimento das escolas de samba, de ter alimentado o rádio nascente com composições e de ter o nome conhecido nas músicas gravadas pelos principais cantores da época, Cartola permanecia como uma vaga lembrança, à margem dos veículos de comunicação.

---

23. Cartola *apud* Silva, Marília Trindade Barboza; Oliveira Filho, Arthur. *Op. cit.* p. 92.

O encontro com Sérgio Porto marcou uma redescoberta que repercutiu nos acontecimentos que se seguiram, fatos definitivos para que os sambistas esquecidos ressurgissem no palco da sociedade. Além disso, a busca aos músicos "autênticos" feita pelos artistas filiados ao Centro Popular de Cultura (CPC) também foi um fato importante que colaborou para reverter esse quadro de esquecimento. Em contrapartida, os compositores do morro influenciaram decisivamente a temática pós-bossa nova e a geração que viria a ser conhecida nos festivais de música pelo rótulo de MPB.

4. Anos dourados e contracultura

> Acabou o nosso Carnaval
> Ninguém ouve cantar canções
> Ninguém passa mais
> Brincando feliz
>
> Carlos Lyra e Vinicius de Moraes,
"Marcha da Quarta-Feira de Cinzas"

Nascido e criado em bairros do subúrbio carioca, Zé Kéti foi o nome dos terreiros que transitou com mais desenvoltura pela Zona Sul da cidade, onde se concentravam os compositores e cantores da Bossa Nova. Além de ter participado do movimento do Cinema Novo, o sambista também encontrou as vanguardas musicais e políticas. Naquele momento pré-golpe de 1964, o CPC da UNE buscava levar a cultura da elite às classes populares. Ao mesmo tempo, os estudantes absorviam a cultura que apontavam como "autêntica".

Nesse quadro se desenhou o encontro entre Zé Kéti e Carlos Lyra, que já de início se propunha como um pacto. Enquanto Zé Kéti apresentava Carlos Lyra aos sambistas veteranos, este o levava ao ambiente musical da bossa nova. Talvez por ter encontrado Zé Kéti, Cartola e Nelson Cavaquinho quando começou o trabalho na UNE, em 1961, portanto antes do Zicartola, é que Carlos Lyra tenha considerado o fenômeno da casa de samba consequência do CPC. "Zicartola é uma consequência de tudo que aconteceu antes", disse ele. O compositor ocupou o cargo de diretor musical do CPC e se lembrou dos primeiros momentos na UNE, quando se discutia o nome do núcleo de cultura. Carlos Lyra achava que um Centro Popular de Cultura era diferente de um Centro de Cultura Popular, ou um CCP. Ele explicou o motivo dessa opinião: "Cultura popular eu não sou, eu sou cultura de classe média, eu faço bossa nova."

O CPC via no povo — o popular — uma expressão "autêntica" da nacionalidade brasileira, mas que não possuía consciência política. Os militantes do CPC tinham o intuito de dialogar politicamente com a "massa" por meio da produção artística, por isso foram produzidos cordéis e peças com motivos ideológicos que buscavam conscientizar didaticamente a população rural.

De acordo com essa tendência, no ambiente urbano do Rio de Janeiro foram feitos sambas que, na verdade, revelaram uma parceria limitada. Carlos Lyra e Zé Kéti só compuseram juntos uma música, o "Samba da legalidade", em apoio à saída da clandestinidade do Partido Comunista. O importante para os sambistas antigos — nesta aliança com a ala política da Bossa Nova — foi a repercussão que suas composições tiveram quando foram gravadas por nomes como Nara Leão. A cantora, em 1964, lançou no seu primeiro disco solo, intitulado *Nara*, os sambas

"Luz negra", "Diz que fui por aí" e "O sol nascerá", que são, respectivamente, composições de Nelson Cavaquinho, Zé Kéti, Cartola e Elton Medeiros. Essas três músicas fizeram enorme sucesso, consolidaram o nome de Nara Leão como intérprete e lançaram luz sobre os sambistas que se reuniam no Zicartola.

Nara Leão teve contato com Cartola e os demais sambistas por meio de Carlinhos Lyra, "com quem vai fazer seus primeiros trabalhos profissionais e, mais importante do que isso, vai dividir com ela suas pesquisas sobre a música operária brasileira, ou sua descoberta do 'samba de morro'".[24]

De acordo com Sérgio Cabral, o disco *Nara* "inaugurou o que a gente chama de MPB, porque não existia essa expressão, existia vagamente, a partir daí é que essa sigla ganha uma certa conotação. O que era MPB? Era uma música brasileira feita com mais elaboração, uma música que se diferenciava do samba de Carnaval porque era mais elaborada. Surgiu até uma geração MPB, o Chico Buarque, entre outros".

O revolucionário disco de Nara Leão antecipou a fase da "geração MPB" que surgiria nos festivais da canção. O primeiro deles, que aconteceu em abril de 1965, quando o Zicartola ainda funcionava, se chamou justamente I Festival de Música Popular Brasileira, veiculado pela TV Excelsior, de São Paulo. A música que ganhou o primeiro lugar foi criada por um dos nomes que

---

24. Sukman, Hugo. *Nara Leão: Nara — 1964*. Rio de Janeiro: Editora Cobogó, 2022.

comporiam a nascente MPB: Edu Lobo. O jovem compositor, filho de Fernando Lobo, dividiu a autoria com Vinicius de Moraes, poeta que fez a ponte entre a bossa nova e as músicas com temas de tradições populares. A composição vencedora, "Arrastão", refletia essa temática. Ao mesmo tempo, uma nova musa foi revelada. Elis Regina interpretou a canção e, aos 20 anos, foi eleita a melhor intérprete do festival, se tornando conhecida nacionalmente.

Porém, antes que se consolidasse o surgimento da MPB havia o impasse que a bossa nova sofria. Carlos Lyra falou sobre o tema "o amor, o sorriso e a flor", desgastado devido à perspectiva comercial: "As pessoas começaram a achar que os pontos de venda da bossa nova eram o amor, o sorriso e a flor." Além dos sambistas terem sido muitas vezes silenciados, a importância do samba nos movimentos musicais brasileiros é outro ponto pouco falado. Pois foi justamente no samba de Cartola, Zé Kéti e Nelson Cavaquinho, entre outros, que surgiu a resposta aos temas desgastados da bossa nova. O samba foi — para os compositores engajados da década de 1960 — uma influência que os colocava diante da realidade social brasileira.

Cartola e Zé Kéti, entre outros sambistas, assimilaram criticamente informações alheias ao morro, para depois fazerem uma releitura na forma de composições que retratavam o cenário atualizado de seu tempo. Os sambistas antigos apontavam, através de seus sambas, uma saída para a temática pós-bossa nova.

O samba tradicional alimentou uma mudança de postura dos artistas que cantavam os "anos dourados", como depois vieram a ser chamados os anos 1950, um termo propagado pelos países capitalistas desenvolvidos, os quais nessa época alcançaram notável crescimento econômico. No Brasil, Juscelino Kubitschek foi, entre 1955 e 1961, o "presidente bossa-nova". Esse apelido, dado por Juca Chaves na canção homônima, mostrava a relação de Juscelino com o lema bossa-novista do "amor, o sorriso e a flor".

Ao incorporar pedras, agruras, suor e lágrimas nas músicas que faziam, expoentes da bossa nova, cantores e compositores como Carlos Lyra, Nara Leão, Vinicius de Moraes, Baden Powell e outros, se colocaram como dissidentes da utopia dos "anos dourados", movidos por uma busca pelas tradições musicais das camadas populares urbanas, dos morros e subúrbios, marcadamente afrodiaspóricas.

O samba, enquanto uma cultura de matriz africana, faz parte do que Paul Gilroy chamou de "contraculturas da modernidade",[25,] expressões negras que trazem componentes de contestação aos projetos de modernidade capitalista, devido à trajetória histórica de marginalização e resistência. A dissidência dos anos dourados de um grupo politizado da bossa nova, em última instância, foi alimentada pelo samba e seu aspecto

---

25. Gilroy, Paul. *O Atlântico negro: Modernidade e dupla consciência*. São Paulo: Editora 34, 2001.

contracultural, que denunciava por meio de suas músicas e letras uma modernidade que oprimia os sambistas, colocando-os como mera mercadoria em meio a uma sociedade excludente e racista.

Os jovens militantes e artistas buscavam uma aproximação política e cultural com o povo. Mas não eram somente eles que buscavam os sambistas antigos. A "velha guarda" de intelectuais e artistas também se encontrava com o samba tradicional.

5. A rua dos Andradas

> Existe muita tristeza
> na rua da Alegria
> Existe muita desordem
> na rua da Harmonia
>
> Ismael Silva, "Contrastes"

Quando Sérgio Porto encontrou Cartola em Ipanema, o compositor já estava de volta ao Morro da Mangueira. Mesmo com o fim do seu romance com Donária, Cartola havia permanecido afastado, mas um novo amor o trouxe de volta ao lugar que o consagrou como poeta. A responsável pelo retorno foi Zica. Os dois se conheciam desde a infância. Ela nasceu em 1913 e era cinco anos mais nova que ele. Cresceram na Mangueira, ele se tornou sambista respeitado, ela era pastora da escola e cozinheira de mão-cheia, mas foi só quando já estavam viúvos — Cartola ainda morando no Caju — que começaram a namorar. Com o apoio de Zica, o sambista teve forças para voltar à "Estação Primeira". Até que no início da década de 1960, provavelmente 1961, Cartola foi morar com Zica num casarão, sede da Associação das Escolas de Samba, localizado na rua dos Andradas, número 81, no Centro do Rio de Janeiro. Esse endereço se tornou marcante, apontado como a "origem" da casa de samba, um lugar de encontros e intensa festividade, cercado por músicos e intelectuais brasileiros, que teria inspirado a ideia de criar o Zicartola.

O que levou Cartola e Zica a morar nesse casarão foi a busca por oportunidades de trabalho fora do Morro da Mangueira. Morar no Centro da cidade era uma opção para o casal. Nas palavras de Dona Zica: "Cartola ganhava muito pouco. Mandei fazer um carrinho e vendia quentinha com almoço na praça Mauá, para os motoristas e cobradores dos ônibus." Quem a acompanhava nessa tarefa era o filho, o pequeno Ronaldo, que a ajudava a empurrar o carrinho enquanto ela servia os trabalhadores.

Cartola permanecia vivendo em precárias condições financeiras e não tinha definido o rumo de seu futuro como compositor, mas o alarde criado por Sérgio Porto em torno do reaparecimento do sambista fez com que antigos admiradores se reaproximassem dele. Esses encontros aconteciam na casa da rua dos Andradas, onde Zica tentava aumentar a minguada renda do companheiro. Aproveitava as reuniões das escolas, frequentadas pelos sambistas e velhos amigos de Cartola, e preparava a comida que era servida na ocasião: "Para o pessoal que ia à reunião da Associação das Escolas de Samba de noite eu fazia aquela sopa, fritava sardinha e vendia, ganhava um dinheirinho. Para ajudar a vida."

O casal era referência comunitária no morro verde e rosa e, na época das eleições, costumava ser procurado por candidatos em busca de votos. Foi dessa forma que Zica conheceu Mario Saladini. Ela o reencontrou tempos depois, num almoço que preparou numa residência da rua Cândido Mendes. Zica era cozinheira afamada e de vez em quando era contratada para fazer iguarias tipicamente brasileiras, como, por exemplo, vatapá, prato que foi servido naquele dia.

Na ocasião, Zica perguntou a Saladini, que era diretor do Departamento de Turismo da prefeitura, se ele não poderia oferecer a ela e Cartola uma casa velha que estivesse desocupada, no Centro da cidade, onde pudessem morar. No âmago do comércio carioca ela esperava ter maiores possibilidades de aumentar a pequena renda. O casarão da rua dos Andradas que foi oferecido como moradia a Zica e Cartola também estava destinado a ser a primeira sede da Associação das Escolas de Samba. Essa foi a forma que Mario Saladini encontrou para resolver dois problemas com uma só tacada. Ao presidente da instituição, Heitor Servan de Carvalho, que lhe havia pedido um local para abrigá-la, Saladini informou que lhe concederia um espaço se este também abrigasse o casal mangueirense. Condição aceita, Cartola passou a ser zelador do sobrado, que se tornou ponto de encontro de antigos intelectuais. Segundo o jornalista Sérgio Cabral, eram esses velhos amigos do sambista que celebravam as reuniões no casarão da Associação das Escolas de Samba.

SÉRGIO CABRAL: A casa do Cartola acabou virando um ponto de encontro de pessoas que gostavam de samba. Havia uma turma de velhos amigos do Cartola que era integrada por Lúcio Rangel, Sérgio Porto, Jota Efegê, Lamartine Babo e outros nomes que eu não estou me lembrando agora. E nós íamos lá para almoçar. É claro que nós pagávamos as despesas, a Zica fazia comida, fazia uma feijoada e comprávamos bebidas, aquelas coisas todas. E o Cartola cantava samba, eram programas ótimos. E foram surgindo outros grupos que iam para lá, um desses grupos era constituído de jovens empresários, liderados pelo Eugênio Agostini. Na rua dos Andradas, depois de 8 horas da noite era impossível comprar bebida, e quando acabava a bebida na casa do Cartola a reunião tinha que terminar também. Tendo isso em vista que os empresários desse grupo sugeriram fazer uma casa, uma pensão. A ideia inicial era uma pensão onde Zica fizesse a comida dela e onde a gente fosse pra lá e tivesse cerveja sempre, tivesse uma geladeira bem abastecida e a gente pudesse ficar lá ouvindo samba, conversando, comendo a comida da Zica sem problema de acabar a cerveja. Essa pensão acabou se transformando no Zicartola.

Sérgio Cabral explicou que o Zicartola foi consequência de uma despretensiosa pensão estabelecida na rua da Carioca. As festividades da rua dos Andradas, por sua vez, teriam selado o encontro entre Cartola e os jovens empresários que financiaram a casa de samba. Dona Zica contou como aconteceu a proposta de financiar um lugar de comida caseira onde pudesse ser tocado samba.

DONA ZICA: Uma vez o Eugênio perguntou pra mim:

— Zica, o que você queria ter na sua vida?

Eu falei assim:

— Sabe o que eu queria ter? Eu queria ter um lugarzinho pra fazer uma pensãozinha, pra fazer uma comida. Porque eu quero ganhar um dinheirinho pra ajudar o Cartola, que ganha pouco, e também porque eu gosto de lidar com a massa. Por mim eu lidava com vocês.

Ele disse:

— Está bem, nós vamos te ajudar, procure uma salinha para fazer uma pensãozinha pra você.

E eu fui procurar.

Eugênio Agostini e os primos dele eram, para dona Zica, uns "meninos" que ela tratava com imenso carinho. Um nome, no entanto, foi elo de ligação entre o casal e os jovens empresários. "Quem chamava os meninos era o Nuno Veloso. Ele era estudante naquele tempo, ainda não era parceiro de Cartola", explicou Zica.

Nuno Linhares Veloso, de acordo com a afirmação de Sérgio Cabral, "adoraria ser negro, porque virou cantor e cantava com voz de negro". Na verdade, era um garoto branco de olhos azuis, de família abastada, que nasceu em 1930, perdeu a mãe aos 9 anos e o pai poucos anos depois. Estudante do Colégio Pedro II, em São Cristóvão, na adolescência costumava fugir das aulas para vadiar pela Mangueira. Segundo contou: "Eu não tinha nem pai nem mãe, então ia pro morro nos finais de semana, não ia mais para onde eu morava, na rua Coelho Neto, em Laranjeiras."

Mais tarde, estudante de filosofia, conheceu Cartola na casa de Lúcio Rangel. Nascido em 1914, Lúcio Rangel era um jornalista dedicado à defesa e à pesquisa da música brasileira tradicional. Foi ele quem chamou Cartola de "divino", era tio de Sérgio Porto e, em 1965, foi convidado pelo então governador do Estado da Guanabara, Carlos Lacerda, a vender a discoteca dele, Lúcio, para o Museu da Imagem e do Som do Rio de Janeiro (MIS-RJ), que seria inaugurado no fim daquele ano. No ano seguinte, 1966, foi convidado para integrar o Conselho Superior de MPB do MIS. Além de ser amigo de Cartola, Lúcio Rangel também cultivava uma grande amizade com Nuno Veloso, que rendeu histórias engraçadas.

> NUNO VELOSO: Uma vez nós estávamos voltando para casa e o Lúcio Rangel viu que uns caras iam nos assaltar. Eu não reparei, estávamos perto de uma igreja no Leblon, e ele ajoelhou na porta da igreja. Eu ajoelhei do lado dele e os assaltantes passaram direto.
>
> Lúcio era esperto. Ele levantou e perguntou:
> — Você não viu?
> Eu falei que não.

— Os caras iam assaltar a gente.

Só então eu percebi por que ele se ajoelhou na porta da igreja.

Cartola e Nuno também ficaram amigos. Nuno passou a frequentar cada vez mais o barraco do sambista na Mangueira, até que, concluído o curso, deixou o Brasil para fazer um mestrado na Inglaterra. Como ele mesmo lembrou, o "apoio" de Cartola foi fundamental para seus estudos. "Como não teve muita oportunidade, Cartola me obrigava a estudar, houve a possibilidade de fazer um mestrado na Inglaterra, ele me obrigou a estudar inglês, a me candidatar, e como é que eu vou pra lá? Então eu entrei para a marinha mercante, fui para a Inglaterra e fiz o tal mestrado, em Filosofia da Arte."

Nuno voltou para o Brasil em 1951, aos 21 anos. Com uma carreira acadêmica pela frente, preferiu escapar do trabalho e se refugiou na Mangueira, indo morar com Cartola. No auge da juventude, percorria as "bocas" — como eram chamadas as casas onde se cantava samba e eram realizadas as macumbas nos morros — conhecia os malandros e bebia nas biroscas do Buraco Quente. Não tardou para que se arriscasse nos versos, se tornasse sambista e se fizesse parceiro do grande compositor mangueirense.

NUNO VELOSO: Cartola sempre foi este tipo, mais ou menos parecido comigo, sem muita referência. A não ser a Mangueira, a gente não tem muito que falar, sobre o que nós éramos ou não éramos. A verdade é que ele era um poeta formidável, e um músico muito bom também e nós nos entendíamos muito, andávamos muito pelo Rio, praticamente nossa diversão era caminhar pela cidade.

Nuno também gostava de acompanhar outro importante poeta da Mangueira, o parceiro de Cartola, Carlos Cachaça: "Eu sabia mais ou menos as bocas que ele ia, descia e subia, acabava o encontrando para dar um recado qualquer, mas às vezes eu chegava na casa dele e perguntava 'Cadê o Carlos?', e respondiam 'Está honrando o nome, meu filho', e eu achava engraçado que sempre davam essa resposta", contou Nuno Veloso.

Nessa época, a única ocupação de Nuno era participar da Ala dos Compositores da Mangueira, à qual pertencia. De resto, era tempo dedicado à vadiagem. Conforme ele mesmo lembrou: "Eu era lá intelectual? Eu era vagabundo, fui estudar, eu não queria era trabalhar, estudar não fazia mal, trabalhar, não, eu tinha horror a trabalho..." Cartola, então, o obrigou a prestar vestibular mais uma vez, e ele fez o curso de Direito entre 1954 e 1959. Nuno não considerava o estudo um trabalho, por isso prolongava o máximo possível sua condição de estudante universitário. Quando se formou, voltou a se dedicar ao que mais gostava de fazer, perambular com Cartola e compor sambas, até que foram morar na rua dos Andradas.

Nesse período, o amigo Eugênio Agostini o procurou. Era um jovem empresário que pleiteava um contrato da prefeitura de Campo Grande, capital do Mato Grosso. Para tanto, tinha que receber o prefeito mato-grossense no Rio de Janeiro. O político queria conhecer a Cidade Maravilhosa, mas não a que era representada pelas boates para estrangeiros e turistas, e sim a que poderia ser chamada de "tipicamente" carioca. Diante dessa missão, Agostini imediatamente pensou que o amigo Nuno, famoso pelas façanhas e por conhecer os bambas da cidade, poderia ajudá-lo.

Nuno organizou uma roda de samba no Clube Marimbás, no posto 6, em Copacabana, com Cartola e Monsueto. O prefeito mato-grossense se encantou com a música dos sambistas e convidou a Mangueira para se apresentar em Campo Grande. Eugênio Agostini, obviamente, conseguiu o trabalho que buscava e, além disso, se tornou amigo de Cartola e frequentador das reuniões da rua dos Andradas, aonde levou também os seus primos. Conforme lembrou Nuno Veloso: "O prefeito acabou dando o tal trabalho pro Eugênio e nos convidou, a Mangueira, pra ir visitar Mato Grosso."

Esse convite acarretou a ida de 15 sambistas, entre passistas, membros da bateria e destaques, para Campo Grande. Cartola compôs um samba em homenagem à capital mato-grossense, chamado "Cidade morena". Esperados pelo prefeito no aeroporto, os representantes da Mangueira receberam a chave da cidade, e aonde quer que fossem tinham as contas pagas. Tratava-se do aniversário de Campo Grande, motivo da ida da escola verde e rosa a Mato Grosso. A capital deveria receber também a chegada do então presidente do Brasil, Jânio Quadros, que seria homenageado com uma apresentação da Mangueira. Essa ideia, no entanto, fracassou devido à renúncia de Jânio Quadros, uns poucos dias antes da homenagem. Como contou Nuno Veloso, o prefeito manteve o convite.

NUNO VELOSO: O prefeito disse:
— Não vou deixar de convidar vocês, a escola vem aqui para prestar esta homenagem.
— Bom, se é assim nós não queremos receber — respondemos.
— Vocês não vão receber, mas também não pagam nada aqui, vocês podem comer e beber à vontade — disse o prefeito.
Acho que ele deve ter se arrependido amargamente, a gente bebeu tanto que deve ter dado, num dia, um prejuízo muito maior do que se ele nos tivesse pagado.

Nuno Veloso explicou que após essa farra em Campo Grande os laços de Eugênio Agostini com Cartola se estreitaram: "Houve o caso desse encontro com o prefeito de Campo Grande e o Eugênio se aproximou, ficou amigo de Cartola independente de mim." Dessa forma é que Agostini chegou à rua dos Andradas e posteriormente, ao lado de seus primos, se propôs a realizar o sonho de Zica.

Nuno Veloso, por sua vez, foi presidente da Ala dos Compositores da Mangueira entre 1957 e 1960. Nesse período, foi o pioneiro em gravar um LP de escola de samba, com a Mangueira: "Eu fui o cantor do primeiro long-play de escola de samba gravado no Brasil. Por quê? Porque o Jamelão era contratado da Continental, já cantava em boate, mas eu não fui como cantor, eu fui pra cantar o samba da escola, mas quando vi já tinha cantado onze faixas, de doze, aí a outra fizemos um ensaio de ritmo."

Em 1964, o Zicartola foi inaugurado oficialmente e o sambista retomou o lado acadêmico. Deixou o Brasil com destino à Alemanha, onde foi fazer um curso de doutoramento. Nas terras germânicas o destino o surpreendeu. O parceiro de Cartola foi convidado para ser assistente de um dos mais importantes filósofos dos anos 1960: Herbert Marcuse. Nuno também não veria o fechamento do Zicartola, do qual só saberia por cartas, pois a permanência na Europa seria mais longa do que havia previsto. O retorno ao Rio de Janeiro só aconteceria oito anos após a partida.

Diferente do Zicartola, o casarão da rua dos Andradas não recebia a juventude universitária, mas, sim, sambistas das escolas e velhos intelectuais amigos de Cartola. O único universitário que frequentava o casarão era Nuno Veloso, que trouxe Eugênio Agostini e os primos dele para o convívio da casa de Cartola.

De qualquer maneira, o casarão da rua dos Andradas foi palco de uma série de eventos importantes. Elton Medeiros, por exemplo, lembrou que a sede das escolas acolheu os ensaios da primeira versão do conjunto A Voz do Morro. Esse momento também foi marcante para Elton porque ele pôde tocar ao lado de seu antigo ídolo. Ironicamente, a primeira vez que ele ouviu o nome de Cartola era apenas um menino, e foi Heitor dos Prazeres quem falou sobre o compositor da Mangueira.

Heitor era amigo do pai de Elton Medeiros e contava, em visita à família, que tinha de sair para um encontro marcado com Cartola. O menino, intrigado, quis saber como "seu Heitor" ia se encontrar com uma cartola. Foi preciso que a irmã lhe explicasse pacientemente a quem o pintor e sambista se referia. Mais tarde, Elton ouvia uma melodia no rádio e já sabia identificar, nos primeiros acordes, se era uma canção de Cartola. Quem o levou ao poeta mangueirense foi, não por acaso, Zé Kéti — ponte dos encontros entre os sambistas das escolas.

ELTON MEDEIROS: O Zé Kéti um dia chegou perto de mim e disse assim:

— O Cartola está formando um conjunto de compositores oriundos de escolas de samba. Você quer participar?

O Cartola sempre foi meu ídolo, e eu, rapidinho:

— É claro que eu quero.

E fui. Então estava lá a primeira formação do conjunto A Voz do Morro: Cartola, Nelson Cavaquinho, Zé Kéti, eu, Joacir Santana, Armando Santos da Portela, o Nuno Veloso da Mangueira, e só.

Esse grupo acabou fazendo enorme sucesso numa apresentação na TV-Rio comandada por Sérgio Cabral, que havia convidado os sambistas após tê-los visto ensaiar na sede das escolas. O jornalista iria fazer um teste para o quadro fixo da emissora e tinha um espaço de 15 minutos para apresentar qualquer coisa ao vivo, e apostou no grupo da rua dos Andradas.

Essa aposta rendeu um acontecimento inédito, um conjunto formado por sambistas tradicionais vestindo terno e gravata azul-marinho, tocando pandeiro, caixa de fósforos, chapéu, violão e cantando com vozes lamentosas as músicas que já eram conhecidas nos terreiros das agremiações. Diante do sucesso da apresentação, Sérgio Cabral conseguiu a vaga, no entanto, os ensaios não prosperaram e A Voz do Morro somente ressurgiu mais tarde, através do Zicartola.

Outro acontecimento importante da rua dos Andradas foi o nascimento da música "O sol nascerá". Elton Medeiros contou que costumava, nos momentos de folga, visitar Cartola na rua dos Andradas, até que o mestre mangueirense o convidou para comporem juntos. Num desses dias de criação em parceria haviam acabado de compor um samba, quando Renato Agostini, primo de Eugênio, chegou à casa e desafiou a dupla a fazer um samba naquele instante, na frente dele. Desafio aceito e vencido, surgiu "O sol nascerá".

O casarão da rua dos Andradas também foi um lugar marcante para Hermínio Bello de Carvalho, porque foi nele que o poeta conheceu Cartola. Hermínio havia ido ao casarão para escrever um artigo para a revista *Leitura*, a convite de Homero Homem. A ideia era intitulá-lo "Os três reis magos do samba", que seriam Cartola, Donga e Ismael Silva.

HERMÍNIO BELLO DE CARVALHO: O Ismael estava muito próximo, já era um amigo meu, o Donga também eu já o conhecia, porque eu tinha feito uma palestra sobre Villa-Lobos e o Donga tinha feito parte da palestra, tinha feito um depoimento ao vivo muito bonito, mas o Cartola eu ainda não o conhecia. E fui conhecê-lo lá na rua dos Andradas, 81, onde ele morava com a Zica e o Ronaldo, que era menininho ainda.

Apesar desse encontro ter dado início a uma profunda amizade que se solidificaria no Zicartola, Hermínio não participou das reuniões que se tornaram célebres na rua dos Andradas. Pelo menos não se lembrava de ter ido a alguma delas, ainda assim, disse que se tivesse ido, "teria sido uma coisa tão inesquecível que jamais iria apagar da memória."

Os "programas ótimos", como afirmou Sérgio Cabral, passaram a ser cada vez mais concorridos, provocando uma aglomeração de pessoas que visitavam a sede da Associação das Escolas. Até uma comitiva da Prefeitura de Campo Grande vinda do estado mato-grossense, em avião fretado, chegou à rua dos Andradas.

A passagem de Cartola e Zica pela rua dos Andradas também contém aspectos simbólicos interessantes para entender por que o lugar costuma ser lembrado como a "origem" do Zicartola. Sambista tradicional, pertencente à geração que criou as escolas, Cartola deixou o morro para ser zelador do casarão que abrigava a sede das agremiações. Mesmo fora do Morro da

Mangueira, as reuniões que aconteciam no casarão dos Andradas continuavam sob a regência de Cartola, que debaixo do teto da Associação das Escolas de Samba quis criar um conjunto inédito, formado por compositores das escolas. A tentativa de formar o primeiro A Voz do Morro soava como busca de uma saída frente ao dilema imposto aos sambistas tradicionais, distantes dos novos rumos que as agremiações tomavam.

Zelador da sede das escolas de samba condenada a ser demolida. Era essa a irônica situação em que Cartola vivia. Um episódio como esse não poderia deixar de abranger outras situações não menos irônicas. A ordem de despejo foi dada a Zica por Albino Pinheiro, conhecido aliado da música popular e fundador da Banda de Ipanema.

DONA ZICA: Albino Pinheiro foi lá dar a ordem de mudança, para a gente sair que a casa ia ser demolida. Ele conhecia o Cartola, quando cheguei ele estava lá, se apresentou, advogado, mostrou a carteira dele.

Ele disse:

— Quem é o dono da casa? Nós viemos com ordem de despejo de vocês.

Aí eu falei:

— Tudo bem, eu vou chamar o meu marido.

E ele:

— Quem é o seu marido?

— Cartola. Meu marido é o Cartola.

— Cartola de Mangueira?

Respondi:

— É.

— Que isso, meu Deus do céu, onde eu vim cair? Não vou dar ordem de despejo pra vocês agora, não. Deus me livre, botar Cartola na rua.

Ele começou a frequentar também e foi levando os amigos.

Para Sérgio Cabral, o fim do casarão da rua dos Andradas era como uma morte anunciada: "Era uma casa que iria ser desapropriada, seria demolida dali a algum tempo, mas enquanto não demolia estava lá, precisava ser ocupada, e o Mário Saladini a ofereceu à Associação das Escolas de Samba, desde que a Associação concordasse que o Cartola e a Zica morassem em parte da casa." Demolida a sede das escolas de samba em que o antigo compositor da Mangueira morava, restava um novo lugar para que o samba continuasse: o sobrado da rua da Carioca.

6. Zona Norte e Zona Sul

> Eu estou na cidade
> Eu estou na favela
> Eu estou por aí
> Sempre pensando nela
>
> Zé Kéti, "Diz que fui por aí"

Nos bares da Zona Sul onde se reuniam Eugênio Agostini e seus amigos, amantes da boemia e do samba, não era permitido nem mesmo fazer uma batucada, por isso eles corriam em busca da música do compositor mangueirense e dos quitutes da mulher. Mas quando a noite se estendia não havia lugar para recarregar os engradados de cerveja, porque o Centro da cidade não possuía nenhum botequim aberto na madrugada. Portanto, o "combustível" inevitavelmente terminava, assim como o samba.

Diante desse problema é que Eugênio Agostini teve uma ideia: fazer um boteco para a rapaziada que se reunia em torno dos sambistas. "Um botequim ao contrário. Onde o errado seja não cantar samba e não poder batucar",[26] definiu Agostini.

---

26. Silva, Marília Trindade Barboza da; Oliveira Filho, Arthur L. de. *Op. cit.* p. 100.

Zica, para esse projeto, era muito importante: cozinheira profissional, ela ficaria responsável pelas refeições. Após a ideia de proporcionar a Zica um lugar onde pudesse servir comida caseira, Eugênio Agostini pediu a ela que procurasse um local para estabelecer a pensão.

Encontraram na rua da Carioca um lugar perfeito para seus planos. No térreo funcionava uma alfaiataria. No primeiro andar existia um amplo salão onde foi instalado o restaurante. Num quarto nos fundos do sobrado moravam Zica e Cartola. Inicialmente, a casa servia apenas refeições, mas no fim da tarde os sambistas chegavam e batucadas espontâneas encerravam o dia de trabalho. Fernando Pamplona vivenciou esses primeiros momentos da casa de samba.

FERNANDO PAMPLONA: Eu me lembro que eu estava no meu escritório quando chegou Mauro Monteiro, hoje cenógrafo da Globo, que me disse:

— Fernando, eu estou duro, tem um botequim ali num sobrado da rua da Carioca que é muito bacana, a gente come lá muito baratinho.

E eu fui pro tal botequim na rua da Carioca, e nesse botequim a gente comia muito baratinho, era da Zica e do Cartola, não sei se na ocasião se chamava Zicartola, era um sobrado tipo pensão, com uma escadinha. Fui e comi, depois o Mauro voltou e disse assim:

— Você precisa ir comer tarde, porque lá pelas quatro, cinco horas, começa a chegar gente e começam a cantar, e cantam samba pra caramba.

Eu fui, eu vi, ainda não tinha começado a epopeia do Zicartola, mas chegava seis, sete horas, a casa ia fechar e eu ia pro escritório pra continuar trabalhando nos meus desenhos, no meu projeto, até que um dia eu vi que o Zicartola explodiu.[27]

No início, Zica trabalhava na cozinha com a ajuda de quatro copeiras vestidas de verde e rosa, vindas da Mangueira. Como o movimento começou a crescer e a fama do lugar se espalhou, ela contratou um cozinheiro e um ajudante. A casa passou a ter rodas de samba regulares que aconteciam na sexta-feira e, pouco tempo depois, também na quarta-feira.

O primeiro contrato da firma Refeição Caseira Ltda. foi assinado em 5 de setembro de 1963. A sociedade foi dividida entre Eugênio Agostini Xavier Neto, Renato Agostini Xavier, Fábio Agostini Xavier e Euzébia Silva do Nascimento, nome completo da grande dama mangueirense. O sonho de Zica, de possuir uma "pensãozinha", havia se realizado. Os boêmios amigos de Cartola também teriam um lugar para beber e cantar samba. Os primeiros dias de vida do Zicartola, no entanto, não anunciavam toda a agitação que protagonizaria. A casa de samba foi um projeto despretensioso que tomou proporções inesperadas, como contou Hermínio Bello de Carvalho: "O Zicartola, a partir dessa ideia do Eugênio Agostini e de seus sócios de possibilitar uma casa ao

---

27. Palestra que Fernando Pamplona apresentou no evento "Quem te viu sorrindo", no MIS-RJ, que aconteceu entre 20 e 25 de novembro de 2000.

Cartola onde ele pudesse tirar seu sustento, se tornou uma coisa muito maior do que se imaginava, tomou um vulto que ninguém jamais poderia desenhar, rascunhar na cabeça."

Um sucesso que se deve também a Zé Kéti, que além de ter planejado as noitadas de samba percorreu as redações dos jornais cariocas para divulgar a novidade: a inauguração do Zicartola, em 21 de fevereiro de 1964. O convite para o furdunço, distribuído por ele para os jornalistas, dizia o seguinte:

Zica e Cartola

Contam com a sua presença no coquetel de inauguração do Zicartola, situado na rua da Carioca, número 53, primeiro andar, que será realizado no dia 21 de fevereiro de 1964, às 18 horas.

Lembram ainda que, se você gosta de boas comidas e bons sambas, não deixará de frequentar a casa, pois ela "manda brasa" na comida e ele no violão.

Tá bom?

A casa ficou tão cheia na inauguração que Eugênio Agostini só conseguiu beber alguma coisa fora do Zicartola. "A animação ficou de tal sorte incontrolável que eu quis tomar um chope e me negaram. Aí eu desci para beber numa leiteria embaixo e acabei perdendo a inauguração."[28]

---

28. Silva, Marília Trindade Barboza da; Oliveira Filho, Arthur L. de. *Op. cit.* p. 100.

Outro que perdeu a festa foi Nuno Veloso, que, vindo de trem da Mangueira com Carlos Cachaça, saltou na estação da Central e não conseguiu chegar à rua da Carioca.

NUNO VELOSO: Logo depois Cartola reclamou:
— Mas vocês não foram na inauguração?
— Como é que não fomos, fomos sim.
Ele perguntou:
— E por que vocês não entraram?
— Ah não, nós ficamos num boteco, ali perto da Central.
Realmente, nós não fomos, mas festejamos.

De toda essa efervescência, um fato celebrado foi a constatação de que grande parte dos frequentadores vinha da Zona Sul do Rio de Janeiro. Como dona Zica gostava de dizer, a casa de samba recebia "a fina flor de Copacabana". Na placa colocada em homenagem ao Zicartola está escrito que o lugar "sediou o encontro cultural entre as zonas Norte e Sul da cidade". Os dizeres da placa parecem sugerir que esse encontro teria acontecido numa zona neutra, o Centro da cidade, devido a uma convergência ocasionada pelo Zicartola.

No entanto, como explicou Carlos Lyra: "Antes do Zicartola a boemia ficava mais na zona sul." Um dos lugares que se tornaram referência da boemia da Zona Sul carioca foi o famoso Beco das Garrafas, em Copacabana, onde, em 1961, se localizavam as boates Little Club, Baccara, Bottle's

Bar e Ma Griffe, nas quais se reuniam os músicos da bossa nova. Tratava-se de uma travessa sem saída na rua Duvivier que foi batizada de "Beco das garrafadas" pelo onipresente Sérgio Porto. Transitando entre o samba tradicional e a bossa nova, ele apelidou o lugar, que teve suprimida a extensão do nome, cujo significado vinha do hábito dos moradores do prédio acima — irritados com o barulho das boates — de atirar garrafas nos frequentadores embaixo.

Para Carlos Lyra, houve um deslocamento boêmio que se deu devido "àquele lirismo de chamar as pessoas da Zona Sul para assistir a shows de artistas populares formidáveis". O que levou o compositor a concluir que "reside no Zicartola o negócio de levar a turma da Zona Sul para a Zona Norte". Na versão dele, a ida ao sobrado da Carioca despertou no público da Zona Sul o interesse em conhecer o subúrbio.

Ferreira Gullar, por sua vez, acredita que esse encontro da juventude universitária com antigos sambistas foi um desdobramento das atividades artísticas comandadas pela mulher dele, Tereza Aragão, as quais passaram a atrair os jovens frequentadores do CPC para o ambiente das escolas de samba: "A Tereza já tinha feito, na UNE, espetáculos de samba, de modo que nosso contato com as escolas de samba é anterior ao próprio Zicartola." Essa convivência teria acontecido no seio das agremiações: "Foi havendo essa aproximação maior através das escolas de samba também. Remete ao próprio desfile das escolas. As pessoas começaram a ir para os ensaios e começaram a querer participar, desfilar nas escolas. Começou a haver esta aproximação."

Sérgio Cabral contou como as lideranças do CPC conheceram os antigos sambistas: "Eu fui fazer uma palestra na Faculdade Nacional de Filosofia e levei comigo o Cartola, o Zé Kéti, o Ismael Silva e o Nelson Cavaquinho. O Vianinha, Oduvaldo Vianna Filho, me convidou para apresentar aquele grupo no CPC."

Ainda que as narrativas tenham demonstrado o desconhecimento que a juventude da Zona Sul tinha das manifestações populares, não se podem omitir experiências como a de Paulinho da Viola. Morador de Botafogo, na Zona Sul carioca, o sambista frequentava a casa de uma tia no subúrbio, onde teve o primeiro encontro com uma escola de samba.

> PAULINHO DA VIOLA: O pessoal do samba, de escola de samba, eu não conhecia tanto, apesar de frequentar o subúrbio desde pequeno. Minha tia morava na rua Nélia Franco, na Vila Valqueire, eu gostava muito de lá, meu temperamento sempre foi muito mais de terra do que mar, apesar de estar em Botafogo eu raramente ia à praia, só quando meu pai me levava, aos domingos, e até rapazinho, já com doze anos, eu sempre que tinha oportunidade escapava para Vila Valqueire, porque lá era uma área grande, um descampado, com cinco campos de futebol, eucaliptos, ruas de terra, toda criança quer isso, brincar na terra, essas coisas todas, então no final dessa rua, lá em cima, tinha uma escola de samba chamada União de Jacarepaguá. Foi ali meu primeiro contato com uma escola de samba.

As experiências pessoais, como mostrou Paulinho, transgridem questões de classe social e origem geográfica. Há também a mística de peregrino que se corporificou no sambista, aquele que leva o violão a tiracolo, andarilho que corta o espaço urbano acumulando inúmeras referências sociais, como acontecia, por exemplo, com Nelson Cavaquinho, sambista errante por excelência. Uma imagem que Zé Kéti, outro andarilho, reforçou e tornou famosa com a música "Diz que fui por aí".

> Se alguém perguntar por mim
> Diz que fui por aí
> Levando um violão
> Embaixo do braço

O episódio em que Sérgio Porto encontrou Cartola também indica uma presença marginal de pessoas vindas dos subúrbios para a Zona Sul, principalmente em busca de opções de emprego. Por isso o compositor, já com idade avançada, trabalhava de madrugada como lavador de carros em Ipanema. Como afirmou Carlos Lyra, "o movimento de vinda sempre teve, das pessoas virem pra zona sul para trabalhar, o proletário vem para a Zona Sul para trabalhar, mas vir para a Zona Sul e ter acesso aos lugares da Zona Sul, teatro, cinema, pode esquecer".

Já toda a movimentação causada pelo Zicartola é relacionada por Hermínio Bello de Carvalho a uma particularidade do Centro da cidade: a de irradiar um entorno cultural. "O Albino

Pinheiro fez uma coisa muito bonita para mim, ele disse que se eu colocasse o dedo na Cinelândia, como se atirasse uma pedra n'água, iria ver que aquele entorno da Cinelândia e da Praça Tiradentes atingiria toda uma estrutura social que englobava cinemas, casas de espetáculo, a vida do Rio Janeiro... tudo concentrado no Centro da cidade."

O Zicartola também proporcionou uma revitalização da praça Tiradentes. A tradicional Gafieira Estudantina, por exemplo, teve um aumento repentino em sua frequência, pois passou a receber o público que não conseguia entrar no Zicartola. Esse fluxo, no entanto, não foi inofensivo para os costumes tradicionais que existiam na Estudantina. Hermínio Bello de Carvalho detectou esse desencontro: "A gafieira era chique, as pessoas vestiam terno e gravata, então a estudantada começou a ir lá e a frequentar, a ir de *jeans*, sem entender direito como é que era o funcionamento daquilo, a nobreza daquilo."

O Zicartola, para o poeta, também teve esse efeito de "pedra n'água", porque provocou a realização de uma série de eventos cariocas que repercutiram no país.

HERMÍNIO BELLO DE CARVALHO: Aquela concentração no Zicartola, aquela coisa diária de estar lá, foi, sem dúvida alguma, a razão da existência, tanto do musical "Opinião", que estreou em dezembro de 1964, quanto da própria Clementina, que no mesmo dezembro de 1964 estreou no Teatro Jovem, e depois resultaria no

Rosa de ouro, em 1965, também no Teatro Jovem. Ou seja, fez eclodir, fez com que essas ideias, esse pensamento, essa coisa em torno da cultura carioca, se formalizasse em pelo menos dois espetáculos muito importantes, que foi o *Opinião*, que era o Zé Kéti, a Nara e o João do Vale, com o nosso *Rosa de ouro*, que era exatamente a Clementina, a Aracy Côrtes, que eu vim conhecer no Zicartola, através do Jota Efegê. Você vê como as coisas se concentram. E o pessoal que estava sempre do nosso lado, que era, sobretudo, o Elton Medeiros, que trouxe o Jair do Cavaquinho, o Nelson Sargento e o Anescarzinho do Salgueiro. Então eu diria sempre que mais do que um restaurante, que o Zicartola foi aglutinador de um movimento estético-cultural para o Rio de Janeiro. Por isso que eu credito ao Zicartola a existência tanto do show *Opinião* quanto do *Rosa de ouro*, porque ali se trazia, se discutia nossas inquietações, botava para fora tudo que estava acontecendo e era aquela expectativa sempre do que ia acontecer, aquela coisa que estava no ar, uma efervescência política muito grande, uma inquietação. Então eu acho que o Zicartola tem essa importância como aglutinador de ideias e como concentrador.

A partir dessas diversas experiências cruzadas entre Zona Norte, Centro e Zona Sul é possível pensar no Zicartola como um dos espaços que marcam o Rio de Janeiro como uma "cidade porosa", expressão cunhada por Bruno Carvalho. Segundo ele, "porosidade tem a ver com trânsito, circulação, fronteiras fluidas", o que não significa que "se trata de um elogio do Rio de Janeiro, tampouco a negação de sua dimensão partida".[29]

"Aglutinador de um movimento estético-cultural para o Rio de Janeiro", nas palavras de Hermínio Bello de Carvalho, o Zicartola nasceu de interesses que culminaram com a inauguração de uma pequena pensão de comida caseira. A essa necessidade econômica de Zica se juntaram as expectativas pessoais dos boêmios amigos de Cartola e as inquietações políticas e culturais daquela época. Destas últimas preocupações resultaram os espetáculos intimamente ligados às experiências da casa de samba.

---

29. Carvalho, Bruno. *Cidade porosa: Dois séculos de história cultural do Rio de Janeiro*. Rio de Janeiro: Objetiva, 2019. p. 14.

7. Narrativas de resistência

> Meu canto
> É a voz do povo
> Se alguém gostou
> Eu posso cantar de novo
>
> João do Vale e Luiz Vieira,
"A voz do povo"

No curto período que o Zicartola funcionou, de 1963 a 1965, a casa de samba também serviu como um espaço de resistência política e cultural. No sobrado da Carioca se refugiaram intelectuais, artistas e militantes, devido à violência do golpe militar que resultou, por exemplo, no fechamento da UNE. Ferreira Gullar proporcionou uma viva dimensão do ambiente que cercava aquele momento:

FERREIRA GULLAR: O prédio da UNE foi incendiado no dia do golpe, que foi no dia 31 para o dia 1º de abril. Nós, na noite do dia 31, nos reunimos, convocamos a intelectualidade e a liderança universitária estudantil no teatro da UNE, para fazer do teatro da UNE também um foco de resistência ao golpe que tinha se manifestado na tarde daquele dia, e quando foi de madrugada nós ainda estávamos na UNE, porque a ideia era ficar todo mundo lá, se revezando para manter aquilo como um foco de resistência. De madrugada passaram uma caminhonete e um carro e metralharam a porta da UNE, feriram até um rapaz que vinha entrando, tinha saído para tomar um café, voltou ferido. Isso foi o primeiro sinal. Nós telefonamos para o 3º Distrito Naval, que era dirigido por um almirante que era de esquerda. Ele mandou três fuzileiros para proteger a sede da UNE. Isso foi de madrugada, no final da noite. Quando amanheceu eu fui para casa dormir e voltar depois. E outros foram revezando, um grupo ficou e outro saiu para dormir e voltar mais tarde. Quando eu acordei eram umas onze da manhã, eu ia me dirigir para lá e na televisão havia a notícia de que o golpe estava prosseguindo, tinham tomado o posto seis, o Forte de Copacabana. E eu fui para UNE com a Tereza. Nós fomos até a o Centro da cidade, tinham tanques lá. Depois nós fomos para a UNE e o lugar estava cercado por pessoas jogando pedra e bomba "molotov" no prédio.

Diante do quadro político que se instaurou, ocasionando o fim do CPC, outra forma de atuar contra o golpe militar precisava ser pensada. Ferreira Gullar falou sobre essa necessidade: "A UNE era uma entidade política e o CPC era o nosso reduto cultural e político dentro da UNE. No dia que tocaram fogo em tudo, nós fomos continuar o nosso trabalho político no Teatro Opinião."

O espetáculo *Opinião* foi a solução encontrada para esse desafio e estreou alguns meses após o golpe militar, em dezembro de 1964, no Teatro Super Shopping Center, em Copacabana, que funcionava como sede do Teatro de Arena no Rio de Janeiro. Posteriormente o teatro se chamaria Opinião, em homenagem ao show que marcaria a ação de resistência do grupo teatral contra a ditadura que se instaurava. A possibilidade de reagir tão imediatamente só aconteceu porque, embora tenham perseguido organizações políticas, parlamentares, militantes partidários e sindicalistas, os militares não reprimiram nos primeiros momentos as atividades artísticas e culturais.

Armando Santos, Paulo Pontes e Oduvaldo Vianna Filho escreveram o espetáculo *Opinião*, que foi dirigido por Augusto Boal, e vislumbraram das cinzas do CPC da UNE uma nova forma de trabalho político iniciado com esse show, no qual João do Vale, Nara Leão e Zé Kéti traçavam um painel social brasileiro, composto, respectivamente, pelo migrante nordestino, a menina da Zona Sul carioca e o sambista do morro. Realizado pelos líderes do CPC e pelo Teatro de Arena, o *Opinião* trouxe também as referências que marcaram o Zicartola, já que os protagonistas do musical frequentaram o sobrado. Como contou Ferreira Gullar: "A ideia de fazer o show *Opinião*, evidentemente, nasceu de ir para o Zicartola, de ouvir o Zé Kéti, o João do Vale e a Nara cantarem."

Além de participar do espetáculo, Zé Kéti foi um dos mais importantes articuladores do Zicartola. Também é de sua autoria a canção homônima que batizou o musical e o teatro. Os primeiros versos da composição diziam:

> Podem me prender
> Podem me bater
> Podem até deixar-me sem comer
> Que eu não mudo de opinião
> Daqui do morro eu não saio não

Disseminado em pleno ano do golpe militar, o samba "Opinião" ecoou como uma voz de resistência ao processo de autoritarismo que se instaurava no país. Fernando Pamplona explicou que, "num momento de perseguição absoluta... 'podem me prender, podem me bater, que eu não mudo de opinião' era praticamente uma palavra de ordem".

De qualquer maneira, Ferreira Gullar não concordava com a possibilidade de se realizar um trabalho político num lugar em que se cantava samba e se bebia fartamente. Ainda assim, reconheceu as consequências políticas promovidas pelos artistas que se apresentavam no palco da casa de samba. O que não pode ser desprezado, uma vez que, posteriormente, o próprio governo militar começou a perceber nas ações culturais focos de subversão ao regime. Tanto que no Zicartola houve indícios desse patrulhamento, como contou Sérgio Cabral. O jornalista descobriu, anos depois, que fora fichado no Departamento de Ordem Política e Social (Dops), no qual constava justamente como um dos seus atos subversivos uma apresentação que havia feito no sobrado da Carioca com motivos políticos.

SÉRGIO CABRAL: Aliás, uma coisa que eu me lembro bem do Zicartola era que a gente desconfiava que havia muito esse negócio de SNI, DOPS, e tinha mesmo, tanto é que uma das acusações contra mim foi exatamente de uma apresentação de um show que eu fiz no Zicartola, a favor dos funcionários demitidos pelos militares. Às vezes vinha um fotógrafo e ficávamos desconfiados e perguntávamos: "Quem é você?", se o cara não explicava era posto pra fora.

Conforme Sérgio Cabral mencionou, a casa de samba foi um espaço de resistência ao regime que se instaurava: "Veio o golpe, o CPC foi fechado, a UNE foi fechada e sobrou o Zicartola, fomos todos pro Zicartola, lá era o nosso reduto." O ritmo que havia sido marginalizado e que, ironicamente, era reconhecido como música nacional, fortaleceu os elos que levariam uma intelectualidade de esquerda a refugiar-se numa casa de samba, sob a proteção e o disfarce da cultura popular. Ainda assim, não é o caso de afirmar que o burburinho que ecoava no sobrado se dava em torno de conspirações políticas, nem de rotular os sambistas como revolucionários ou engajados politicamente.

CARLOS LYRA: Quem é politizado é o povo, você quer ser mais politizado que o povo? É difícil, ele pode não tomar posições políticas, mas ele sabe a necessidade dele mais do que a gente. Ele sabe porque está sentindo na pele, quando um cara chega e acende as velas porque já é procissão, quando ele faz essas coisas, "morreu Malvadeza Durão", aquele malandro do morro que morreu assassinado, aqueles dramas que o Zé Kéti botava nas letras dele, nas músicas, aquilo te dava a medida do que acontece quando os caras não estão com o salário decente, quando os caras não têm acesso à universidade, quando os caras não tem acesso à cultura e à saúde, "acender as velas/ já é procissão", quer dizer, toda hora morre um, que coisa louca, de fome, de assassinato.

Apesar de todas as dificuldades, os artistas do "povo" foram os responsáveis pelo sucesso do *Rosa de ouro*, que celebrou as tradições populares e estreou em março de 1965, um espetáculo importante que circulou pela casa de samba e foi se realizar fora dela, no Teatro Jovem, em Botafogo. Porque foi na inauguração do Zicartola que Hermínio Bello de Carvalho, criador e diretor do musical, reencontrou a dona da voz que o impressionou na antiga Festa da Glória: Clementina de Jesus.

Cantora de ladainhas nas festas religiosas e de versos de partido alto nos terreiros da verde e rosa, Clementina reapareceu para Hermínio em meio à pequena multidão que lotava o sobrado. Antes do *Rosa de ouro*, o Zicartola já havia sido palco, segundo Elton Medeiros, da organização do "primeiro conjunto de compositores revelados nos terreiros das escolas de samba", A Voz do Morro, formado por Zé Kéti, Jair do Cavaquinho, Anescarzinho, Elton Medeiros, Nelson Sargento e Paulinho da Viola.

Esse grupo, ao contrário do que ensaiava na rua dos Andradas, surgiu por acaso. Zé Kéti reuniu esses sambistas, que se apresentavam no Zicartola, para gravarem músicas que pudessem ser escolhidas para compor o repertório dos cantores da Musidisc, mas a gravação entusiasmou o diretor musical, o qual propôs que eles mesmos fizessem um disco, e perguntou o nome do grupo. O malandro Zé Kéti rapidamente anunciou: A Voz do Morro. O grupo gravou em 1964 o primeiro disco, *Roda de samba*, que teve um segundo volume editado no ano seguinte.

Dos seis que compuseram A Voz do Morro, Zé Kéti estava comprometido com um outro trabalho, o *Opinião*, por isso Hermínio Bello acolheu apenas Cinco Crioulos, nome do novo grupo, para se apresentarem no *Rosa de ouro*. Além desse grupo de sambistas, o musical trouxe ao conhecimento do grande público Clementina de Jesus, e o reapresentou à diva do rádio Aracy Côrtes, que Hermínio conheceu pessoalmente no Zicartola através do cronista Jota Efegê.

Nelson Sargento explicou que o *Rosa de ouro* era um "musical semididático", o que revelava a preocupação em afirmar a música brasileira. O palco livre do Zicartola, em si, já apresentava uma diversidade que percorria a geografia da música no país. Como contou Elton Medeiros: "A Clementina cantava jongo no Zicartola, Manelzinho Araújo tocava choro. Então você vê a preocupação de impor a música brasileira. Sendo que na sua maioria era samba, a base era samba. Era Ismael Silva, Cartola, Nelson Cavaquinho cantando samba, a Clementina cantando samba, partido-alto, jongo e lundu, o João do Vale cantava aqueles baiões dele, xaxado."

A Ordem da Cartola Dourada, criada por Hermínio Bello de Carvalho, também foi uma tentativa de prestigiar a música do país. Segundo o poeta, "a Ordem da Cartola Dourada era um diploma entregue às personalidades do samba, da música brasileira, da cultura brasileira, no Zicartola, em noites especiais". Cada homenageado cantava e também recebia um retrato que era colocado na parede, e foram se enfileirando quadros com os rostos de Dorival Caymmi, Tom Jobim, Elizeth Cardoso, entre muitos outros. Os homens recebiam o título de Cavalheiro e as mulheres de Divina Dama. Os primeiros a receber a "Ordem", das mãos de Paulinho da Viola, foram Lindaura Rosa, viúva de Noel, e o cantor Cyro Monteiro. A Ordem da Cartola Dourada também era uma forma de trazer nomes importantes como Elizeth Cardoso, Heitor dos Prazeres, Dorival Caymmi, Aracy de Almeida, Aracy Côrtes, entre outros, para dar uma "canja" na casa de samba. Na verdade, muitas apresentações temáticas foram criadas no Zicartola, que também abrigou outras homenagens, lançamentos de livros e shows com motivos políticos, como o que Sérgio Cabral organizou. Havia também manifestações espontâneas como as de Vianinha, que, segundo contou Elton Medeiros, de vez em quando subia numa mesa para bradar contra o governo dos militares. No Zicartola, Hermínio

Bello de Carvalho lançou seu volume de poemas *Argamassa* e Nara Leão seu segundo disco, *Opinião de Nara*.

Política à parte, um outro evento importante que ocorreu no Zicartola foi a festa de casamento de Cartola e Zica, que aconteceu em outubro de 1964. A decisão de oficializar a união do casal veio do compositor da Mangueira. Cartola confidenciou seu desejo a Zica, que imediatamente aceitou a proposta. Nesse processo ocorreu um fato inusitado, ao dar entrada nos papéis para o casório, Cartola descobriu que na certidão de nascimento dele estava escrito "Angenor" e não "Agenor" de Oliveira, como ele pensava que se chamava até então. Corrigido o engano, Hermínio Bello de Carvalho foi escolhido para padrinho do casal e Maria Muniz foi madrinha a seu lado. Mario Saladini e Jota Efegê, acompanhados das respectivas esposas, foram os padrinhos da união civil. Após a cerimônia religiosa — que aconteceu na paróquia Nossa Senhora da Glória —, a comemoração, é claro, aconteceu na casa de samba.

Padrinho do casal mangueirense, Hermínio Bello de Carvalho acompanhou a organização do Zicartola desde os primeiros momentos e foi um dos maiores fomentadores da casa de samba, mas para ele o destaque maior na articulação do Zicartola e dos próprios sambistas deve ser dado a Zé Kéti, que foi pessoalmente a várias redações de jornais anunciar o nascimento do Zicartola, o que proporcionou diversas reportagens sobre o lugar. Hermínio contou como foi o início dos tempos vividos no sobrado da Carioca:

HERMÍNIO BELLO DE CARVALHO: Eu me lembro que a empresa onde eu trabalhava estava vendendo algumas coisas velhas tipo uma máquina de escrever. Até que o Agostini comprou por um preço simbólico essa máquina de escrever que levei para a rua da Carioca e deixei lá. E a compra dessa máquina de escrever, que pra mim tem um simbolismo muito forte, deve ter coincidido já com o Zicartola se concretizando. Tanto que ela serviu para bater os cardápios. Então eu comecei a formalizar para Zica o que ela pensava, apenas eu dava um algo a mais, sei lá, "docinho de coco à Elizeth Cardoso", eu bolava essas coisas. E foi nessa época da construção física do Zicartola, começando a chegar as mesas, quando eu e Zé Kéti também estávamos mais próximos, que ele imaginou que aquela casa devia ter uma marca, que ela devia congregar os sambistas. Ele imaginou as noitadas de samba, foi o organizador, o cara que realmente teve a ideia. Eu friso isso bastante porque as pessoas não fazem justiça ao Zé Kéti, falam como se as coisas tivessem nascido espontaneamente.

Relembrado e colocado como uma das figuras principais do Zicartola, Zé Kéti via no sobrado uma possibilidade de acolher os sambistas. O compositor foi o articulador da casa de samba como espaço cultural, vislumbrando além das possibilidades comerciais de um restaurante, e buscou a profissionalização dos músicos que se apresentavam na rua da Carioca.

Para tanto marcou o lugar como rito de passagem ao profissionalismo, além de berço simbólico, de um importante compositor do samba tradicional. Foi no Zicartola que morreu um tímido bancário e nasceu um talentoso sambista. Paulo César, antes de se tornar Paulinho da Viola, trabalhava num banco quando percebeu, sendo atendido no seu setor, um cliente que julgava ter visto em algum outro lugar. Contrariando seu comportamento tímido, ele abordou o homem. Eles concordaram, então, que se conheciam da casa de Jacob do Bandolim, que era amigo do pai de Paulinho. A pessoa que ele havia encontrado era Hermínio Bello de Carvalho, que o levou até o Zicartola. No início, Paulo César apenas acompanhava os artistas que cantavam no sobrado. Ao mesmo tempo era estimulado a cantar pelos frequentadores, entre eles Sérgio Cabral e Zé Kéti, que lhe colocaram o nome que ficaria conhecido nacionalmente nos anos seguintes.

SÉRGIO CABRAL: Zé Kéti ia encontrar comigo no jornal para a gente ir junto para o Zicartola e pegava o Paulinho, que era Paulo César, que trabalhava em frente ao meu jornal, eu trabalhava na sucursal da *Folha de S.Paulo*, e o Paulinho trabalhava na frente, na agência do Banco Nacional, ele pegava o Paulinho e ia para lá.

E uma vez o Zé Kéti falou pra mim:

— Paulo César não é nome de sambista, a gente tem que arranjar um nome pro Paulo César. E eu sempre gostei do nome do Mano Décio da Viola, sempre adorei esse nome do compositor do Império Serrano, e aí eu sugeri Paulinho da Viola. Então eu conto essa história, mas dou parceria ao Zé Kéti, porque a ideia foi dele.

Na casa de samba, Paulinho recebeu de Cartola uma quantia simbólica como pagamento pelas apresentações, fato que ficou celebrado como o princípio de sua profissionalização, mas ele reconhece que era difícil se ver como profissional: "Eu não tinha a coisa de me tornar cantor profissional mesmo, eu custei a entender isso."

Ainda assim, aconteceu na casa de samba um incidente provocado por Ismael Silva, que acusou Cartola de não ter pagado cachê para ele. De acordo com Hermínio Bello de Carvalho, citando Ismael: "... foi desagradável o episódio do Zicartola, quando o levei para trabalhar lá. Brigava para ser o último e fechar com chave de ouro a programação e acabou pretextando falta de pagamento para denunciar Cartola numa delegacia de polícia."[30] Esse episódio vivido por Ismael Silva pode ser considerado um fato isolado, pois as narrativas, em sua maioria, não privilegiaram o aspecto comercial da casa de samba, a não ser para explicar o fechamento.

A resistência política e cultural, presente na fala de vários entrevistados, foi um reflexo da época, mas não cabe colocar esses artistas numa trincheira na qual a cultura brasileira fosse sempre alvejada, correndo o risco de ser dizimada.

As décadas seguintes mostraram que o samba tradicional permaneceu firme e forte. Apesar de todas as dificuldades, con-

---

30. Carvalho, Hermínio Bello de. *Mudando de conversa*. São Paulo: Martins Fontes, 1986. p. 30.

tinua presente em gravações, programas de rádio e TV, na internet e no *streaming*, nas rodas e apresentações que acontecem em casas de samba e espaços culturais, ou subterraneamente nos quintais e botequins. O sobrado da Carioca, ao contrário, não resistiu às dificuldades e teve as portas definitivamente fechadas.

8. Memória de uma casa de samba

> Velhas estórias, memórias futuras?
> PAULINHO DA VIOLA, "MEMÓRIA"

O motivo da curta existência do Zicartola costuma ser atribuído às dificuldades administrativas. Segundo Zica, administrar o local sem os sócios se tornou uma atividade muito complexa para o casal. Quando Eugênio Agostini e seus primos, sócios e financiadores da casa deixaram a sociedade, o casal em pouco tempo passou o espaço: "O problema era administrar. Cartola mesmo já não gostava, porque ele não sabia administrar, o negócio dele era violão e cantar, fazer samba. Eu falei pra ele: 'Cartola, é melhor a gente acabar com isso.'" Cartola ouviu a mulher e, em maio de 1965, deixaram o sobrado, que passou a ser ocupado pelo compositor Jackson do Pandeiro. Ele pretendia fazer um restaurante parecido com o antecessor, com a diferença de que a matéria-prima oferecida seria forró e comida nordestina, mas não teve sorte e o estabelecimento não ficou muito tempo aberto. O lugar também não entrou para a história, como o Zicartola.

Eugênio Agostini explicou por que resolveu deixar a administração do sobrado da Carioca. "O Zicartola só me deu problemas", disse o empresário, se referindo a uma série de dificuldades que iam desde a fragilidade da estrutura da casa aos transtornos causados pela agitação que o sobrado provocava: "O delegado me espinafrou porque havia muita reclamação dos vizinhos. Os marginais de rua aproveitavam o barulho e arrombavam os escritórios próximos. Alguns traficantes de tóxico tentavam passar o produto aos frequentadores. Realmente, eu não tive sossego."[31]

Numa alteração contratual ocorrida em julho de 1964, Cartola e um advogado chamado Lourierdes Fiúza dos Santos também passaram a fazer parte da sociedade. No entanto, Eugênio Agostini e seus primos, além do advogado, sócios do estabelecimento, deixaram a sociedade poucos meses depois, em novembro de 1964. Os empresários alegavam que a casa de samba só dava problemas e pouco lucro, enquanto Zica afirmava que eles resolveram deixar a sociedade depois que recuperaram o investimento que fizeram. Restaram como sócios Cartola e Zica e o comerciante Alcides de Souza, que entrara na sociedade.

Nesse período, houve uma tentativa de reestruturar o Zicartola, mas o sobrado começou a entrar em decadência e a ver o público, principalmente jovem, deixar de frequentá-lo. Um dos motivos disso é que os teatros da Zona Sul também começaram a

---

31. Silva, Marília Trindade Barboza da.; Oliveira Filho, Arthur L. *Op. cit.* p. 107.

apresentar shows inspirados na efervescência da casa de samba. Ainda assim, Nuno Veloso confirmou que nem mesmo na época da administração de Eugênio Agostini a situação da casa de samba era tranquila. "Quando os sócios deles saíram, Zica ficou como única dona. Já não dava certo no tempo da antiga administração, com ela sozinha é que não deu certo mesmo, era muito fiado, então acabaram tendo que fechar."

O Zicartola era um espaço que possuía uma intensa movimentação artística e ideológica, o que contribuiu para que o caráter comercial fosse colocado em segundo plano. "Nós não estávamos preocupados com dinheiro, nós estávamos preocupados com ideias", explicou Elton Medeiros, que também reconheceu os problemas dessa opção: "Não adianta a gente ter muitos ideais e não ter uma prática competente dentro de um campo capitalista."

A falta de experiência administrativa e comercial de Cartola e Zica, em meio aos turbulentos acontecimentos do sobrado, descambou no fechamento das portas do Zicartola. Além deste, outro problema foi que, ironicamente, pode se dizer que o sucesso dos eventos que inspirou contribuiu para o declínio da casa de samba.

FERREIRA GULLAR: O fato também de ter surgido o "Opinião" e a "Fina flor do samba", acho que talvez tenha contribuído um pouco para desativar o Zicartola. Porque surgiu uma outra alternativa, que inclusive cabia mais gente, era mais fácil de ir, era na Zona Sul, não era no Centro da cidade, que era morto de noite.

Até mesmo Cartola, numa reflexão posterior, apontou para essa concorrência da Zona Sul: "Começou o pessoal a cantar em Copacabana, nos botequins, isso ninguém naturalmente ia deixar de ir." O fato de outros lugares apostarem na proposta inédita do Zicartola também foi comentado pelo compositor da Mangueira. Ele afirmou que isso enfraqueceu a procura pelo sobrado da Carioca: "Começou a cair e começaram a abrir outras casas. Não era só a nossa."[32] Com o fechamento da casa de samba se encerrava também um espaço que dialogava com as inúmeras referências culturais da cidade.

Numa última visão voltada para a placa da rua da Carioca, número 53, o objeto retangular parece uma lápide, cuja inscrição pretende informar ao Rio de Janeiro que ali existiu um restaurante que teve uma importante vida cultural.

O Zicartola tornou nítida a influência crítica e estética que o samba tradicional propôs a alguns compositores e cantores, tanto os que foram revelados pela Bossa Nova quanto os que surgiram posteriormente, na "era dos festivais".

No sobrado da Carioca, uma pequena multidão de frequentadores aclamou o samba tradicional de Cartola e a comida brasileira de Zica, ingredientes que temperaram os debates sobre o difícil momento político e cultural no Brasil. Elton Medeiros contou que no Zicartola se podia "encontrar essa comida com

---

32. Cartola. *Op. cit.* p. 33

sabor brasileiro, você encontrava uma música com sabor brasileiro também. E um discurso com sabor brasileiro".

Além disso, o mais importante é que o Zicartola foi um lugar que reverteu o esquecimento histórico imposto a sambistas consagrados como Cartola, Ismael Silva, Nelson Cavaquinho, entre outros. Como lembrou o diretor de *Rio, Zona Norte*.

NELSON PEREIRA DOS SANTOS: Eu frequentei o começo do Zicartola, fui algumas vezes. Não frequentei mais porque eu trabalhava no jornal de seis e meia até meia-noite, então só podia ir uma vez ou outra, nos fins de semana. Mas foi um momento muito bonito porque trouxe a valorização do samba tradicional, que nasceu lá no jongo, naqueles espaços culturais bastante ligados à nossa história e à participação da matriz africana na formação da nossa cultura. Então foi um momento de recuperação dessa história e de colocá-la em primeiro plano.

O Zicartola foi um lugar de "renascimento" do samba tradicional. É preciso enfatizar essa condição da casa de samba para provocar uma reflexão sobre a importância dela para a cultura brasileira. O fato de ter trazido de volta sambistas esquecidos muitas vezes não foi reconhecido.

Um ano depois do fechamento da casa de samba, em 1966, José Ramos Tinhorão lançou um livro no qual debatia a música popular. Nessa obra, ele explica o Zicartola como "um curioso momento sociológico: o da apropriação da cultura popular pela classe média sem cultura própria".[33]

O escritor João Antônio, por sua vez, dedicou algumas crônicas e o título de uns dos seus livros ao Zicartola. Mas a sua visão da casa de samba também mostra um lugar cuja "pureza" dos sambistas foi corrompida pela classe média burguesa. De acordo com o escritor: "Morreu o Zicartola, das cores da Mangueira e de todas as outras escolas. Puro e bom, não havia mais." [34]

Corroborando com essas ideias, em 1980, ano da morte de Cartola, o jornalista João Máximo escreveu: "De certa maneira, o Zicartola foi uma ideia equivocada: intelectuais e jovens da Zona Sul, que ainda ouviam samba de morro com o encantamento das pessoas cultas que de repente encontram um artista primitivo, fizeram do lugar a casa de espetáculos da moda. Era de bom gosto e inteligente ouvir samba no velho sobrado da rua da Carioca. Muitos não pagavam, pediam fiado e deixavam o resto por conta da ingenuidade de Cartola e da mulher."[35]

O Zicartola, sem dúvida, foi o lugar dos encontros, das negociações e mediações. Mas justamente por ter sido um espaço privilegiado da mediação entre mundos distintos e distantes,

---

33. Tinhorão, José Ramos. *Música popular brasileira: Um tema em debate.* Rio de Janeiro: Editora Saga, 1966. p. 56.

34. Antônio, João. *Zicartola: E que tudo mais vá pro inferno.* São Paulo: Scipione, 1991. p. 32.

35. Máximo, João. "Divino sambista, poeta do amor". In: *Jornal do Brasil*, Caderno B, Rio de Janeiro, segunda-feira, 1º de dezembro de 1980. p. 4.

entre sambistas e intelectuais, estudantes e compositores antigos, que se tornou também o palco do renascimento do samba tradicional.

Sambistas como Zé Kéti e Cartola não eram ingênuos, sem consciência da importância que tinham para a música brasileira. Para eles também era interessante transitar pelo espaço de outras classes sociais, negociando seu lugar, promovendo um diálogo que foi fundamental para o sucesso que o samba tradicional alcançou nas décadas seguintes.

A casa de samba de Cartola e Zica não foi apenas um lugar importante para o período, influenciando eventos culturais que se tornaram históricos. O Zicartola se mantém como um espaço que traz novas luzes sobre os acontecimentos que marcaram os anos 1960 no Brasil. Mesmo que suas portas tenham sido fechadas, a memória da casa permanece, como se ainda fosse possível ouvir o alarido do samba, das vozes em festa, ecoando do sobrado da rua da Carioca.

ZICARTOLA

Cartola e Zica têm o prazer de comunicar que no dia 3 de Agosto de 1964 (sábado) homenagearão a imprensa com uma comidinha caseira, seguida de rodas de samba e "partido alto".

Às 4as. feiras estamos realizando as "Noites de Homenagem", quando entregamos diplomas (de "Cavalheiro" e "Divina Dama") às grandes figuras da música popular brasileira, já tendo sido homenageados, entre outros, Elizete Cardoso, Cyro Monteiro, Zé Keti, Aracy de Almeida, Ismael Silva, Heitor dos Prazeres, Lúcio Rangel, Ataulfo Alves e Linda Baptista.

Venha ouvir os sambas de São Ismael Silva ("Se você jurar", "Liberdade", "Nem é bom falar", "A razão dá-se a quem tem"); do Apóstolo Zé Keti ("Acender as velas", "Opinião", "Cicatriz", "Diz que fui por aí"); do profeta Nelson Cavaquinho ("Degraus da vida", "Rugas", "Luz negra", "Notícia"); e os pregões do folclorista maranhense João do Valle ("Pisa na fulô", "Divino", "Quero vê"); os sambas de roda e de enredo do sacristão Geraldo Alves e do Ary Guarda da Portela; e o pandeiro do Jorge dos Cabritos e a flauta do Manoel. E partideiros, mestre-salas, passistas e compositores de diversas escolas. Brevemente, a legendária Clementina estará, uma vez por semana, cantando lindos sambas dos compositores de morro, inclusive Carlos Cachaça.

Já inauguramos excelente equipamento de som em alta fidelidade, com 3 microfones (um especialmente para o violão acompanhador, daí o violão do Nelson já poder ser ouvido plenamente). Nos intervalos, a melhor música integra na base de gravações de Aracy de Almeida, Luis Barbosa, Vassourinha, Velha Guarda, Moreira da Silva, Silvio Caldas, Cyro Monteiro, Orlando Silva, Marília Baptista, Almirante, Jacob do Bandolim – gravações raras de discotecas particulares, cedidas ao Zicartola.

A nossa programação continua com a supervisão do cronista Sergio Cabral e do poeta Hermínio Bello de Carvalho.

Essa programação compreende:
    2a. feira – Samba sem compromisso
    3a. feira – Noite do partido alto
    4a. feira – Noite da homenagem
    5a. feira – Samba sem compromisso
    6a. feira – Noite de samba
    Sábado e domingo – descanso, porque ninguém é de ferro...

O abraço do seu amigo

Cartola

ZICARTOLA

Cartola e Zica têm o prazer de comunicar que no dia 8 de agosto de 1964 (sábado) homenagearão a imprensa com uma comidinha caseira, seguido de roda de samba e partido alto.

Às 4as. Feiras estamos realizando as "Noites de homenagem", quando entregamos diplomas (de "Cavalheiro" e "Divina Dama"), às grandes figuras da música popular brasileira, já tendo sido homenageados, entre outros, Elizeth Cardoso, Cyro Monteiro, Zé Kéti, Aracy de Almeida, Ismael Silva, Heitor dos Prazeres, Lúcio Rangel, Ataulfo Alves e Linda Baptista.

Venha ouvir os sambas de São Ismael Silva ("Se você jurar", "Liberdade", "Nem é bom falar", "A razão dá-se a quem tem"); do apóstolo Zé Kéti ("Opinião", "Cicatriz", "Diz que fui por aí"); do profeta Nelson Cavaquinho ("Degraus da vida", "Rugas", "Luz negra", "Notícia"); e os pregões do folclorista maranhense João do Valle ("Pisa na fulô", "Dividir", "Quero vê"); os sambas de rua e de enredo do sacristão Geraldo Neves e Ary Guarda da Portela; e o pandeiro do Jorge dos Cabritos e a flauta do Manoel. E partideiros, mestre-salas, passistas e compositores de diversas escolas. Brevemente a legendária Clementina estará, uma vez por semana, cantando lindos sambas dos compositores de morro, inclusive Carlos Cachaça.

Já inauguramos excelente equipamento de som em alta fidelidade, com 3 microfones (um especialmente para o violão acompanhador, daí o violão do Nelson já poderá ser ouvido plenamente). Nos intervalos, a melhor música antiga na base de gravações de Aracy de Almeida, Luís Barbosa, Vassourinha, Velha Guarda, Moreira da Silva, Sílvio Caldas, Cyro Monteiro, Orlando Silva, Marília Baptista, Almirante, Jacob do Bandolim — gravações raras de discotecas particulares, cedidas ao Zicartola.

A nossa programação continua com a supervisão do cronista Sérgio Cabral e do poeta Hermínio Bello de Carvalho.

Essa programação compreende:
2a. Feira — Samba sem compromisso
3a. Feira — Noite do partido alto
4a. Feira — Noite da homenagem
5a. Feira — Samba sem compromisso
6a. Feira — Noite de samba
Sábado e domingo — Descanso, porque ninguém é de ferro...

Um até logo do seu amigo,

Cartola

Transcrição do documento à esquerda.

ZICARTOLA

Heitor dos Prazeres

CASA DE SAMBA   BRASIL

ZICARTOLA

REFEIÇÕES CASEIRAS LTDA
Rua da Carioca, 53 - sob.

CARDÁPIO

8.agôsto.1964

" Homenagem à Imprensa "

1. ABRIDEIRAS
2. FEIJOADA DO JILÓ E TORRESMOS, À MODA DA ZICA
3. DÔCE DE GIRIMUN, AO CÔCO

Ao depois haverá roda de samba e "partido alto" com os sambistas da casa e convidados.

E... obrigado!

SAMBA MESMO É NO ZICARTOLA!

ZICARTOLA
O QUARTEL-GENERA DO SAMBA

TEXTO DE JAIRO MARTINS BASTOS / FOTOS DE ANTÔNIO RUDGE

Acontece que é lugar de samba. Uma espécie de quartel-general, fundado pelo sambista da Mangueira que o Brasil inteiro conhece pelo nome de Cartola. Êle e um grupo de amigos, aproveitando a vocação culinária de Zica, sua mulher, fundaram o "Zicartola" e o instalaram na Rua da Carioca, bem no coração do Rio de Janeiro. Os sambistas foram chegando, com seus violões, suas caixas de fósforo e suas bossas, apareceu gente para vê-los, naquela hora em que a noite inicia a sua floração de mistério e de boêmia, e o lugar virou QG do Samba.

A REUNIÃO é informal como o próprio samba. Todos se sentam e escutam. Há sempre alguém cantando. Numa hora, pode ser Rosinha Valença, ao violão, acompanhando Billy Blanco sob o olhar bonito de Janúsia, como na foto abaixo à esquerda. Noutra, é o próprio Cartola, de mão no queixo, quem fica a ouvir o bom Caymmi (abaixo).

O samba não tem fronteiras, quando os sambistas de várias bossas se reú[nem]

SILVINHA Teles, quando não canta, escuta. E se extasia com o so[m dos] outros. Tôdas as bossas cabem perfeitamente nesse encontro de s[ambistas]

UM quartel-general de samba é uma coisa simples. Não tem sentinela à porta nem há necessidade de ninguém bater continência para os graduados da popularidade. Basta chegar e ir entrando. Numa mesa qualquer, está um grupo reunido. O mais frequente é que Zé Kéti, aquêle que fez o Brasil inteiro cantar dizendo "Eu sou o samba", esteja batendo numa caixa de fósforo e comunicado aos colegas a sua última bolação. Cartola é meio calado, mas, quando lhe pedem "uma coisa aí", o velho sambista de Mangueira faz o prazer de todo mundo, cantando, sempre ao violão, que êle não é de caixa de fósforo, o seu "Acontece". E tem a môça Janúsia, de olhos bonitos de doer no coração da gente e voz capaz de encantar Ulisses nessas odisséias da vida, que veio do Sergipe e se tornou carioca por vocação irresistível. Mas tem mais gente. Um Nélson Cavaquinho, que, apesar do nome, anda é com um violão de cordas impossíveis debaixo do braço, tem sempre coisas bonitas para cantar, como aquêle samba em que êle pede à dama de sua inspiração que tire o seu sorriso do caminho para êle passar com sua dor. E Élton, um menino muito môço ainda, que desceu de Lucas, com uma braçada de sucessos. Essa é a turma mais frequente. Uma turma do samba eterno, sem outra bossa além da voz autêntica do povo, linha tradicional do ritmo bem brasileiro. O forasteiro, entretanto, pode gostar de outras bossas e vai ao restaurante do Cartola, essa espécie de Café Nice dos tempos modernos, para ouvir a vozinha suave de Nara Leão ou o cantar largado de Dorival Caymmi. Se tivesse piano na sala, Tom Jobim poderia ser visto sentado, martelando o samba nôvo que êle inventou com o poeta Vinícius

MESMO na cozinha, Zica, a mulher de Cartola e alma da comida gostosa que os sambistas comem, acompanha o ritmo do morro.

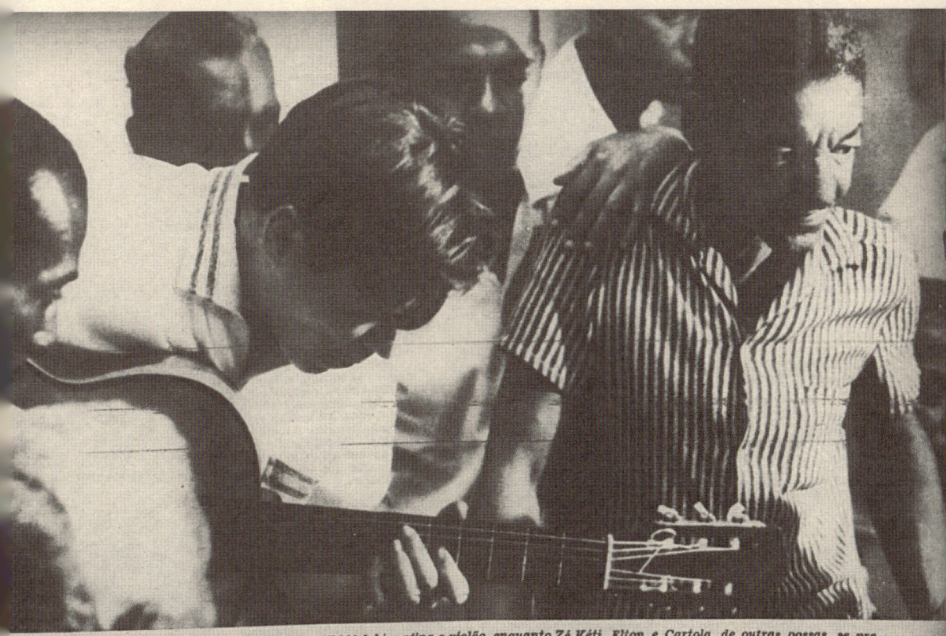

TOM Jobim afina o violão, enquanto Zé Kéti, Elton e Cartola, de outras vossas, se preparam para cantar o chamado "samba autêntico", aquêle que tem a pureza de tradição.

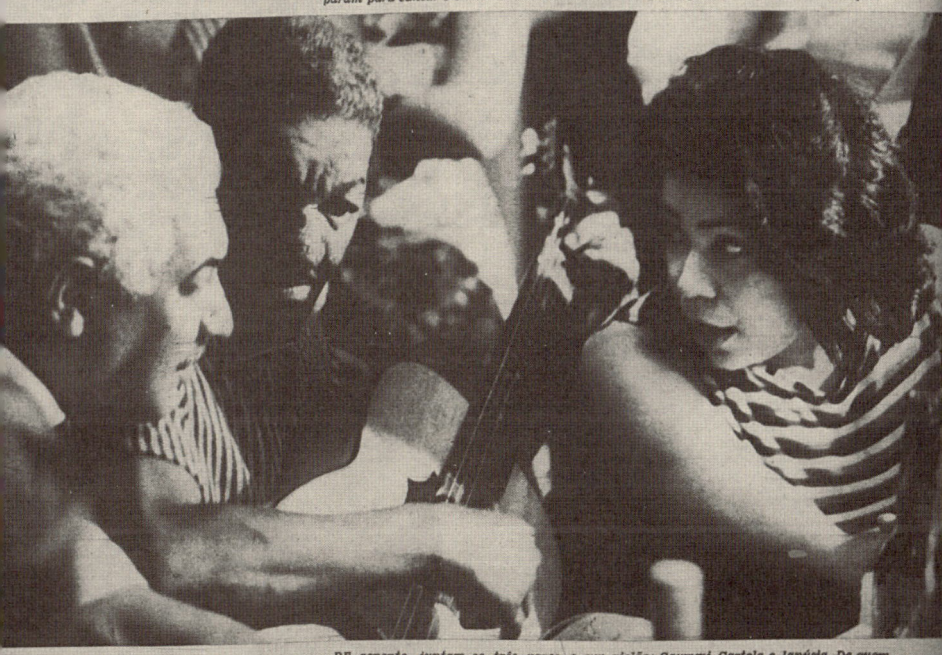

DE repente, juntam-se três vozes e um violão: Caymmi, Cartola e Janúsia. De quem é o samba? De qualquer dos compositores. Samba antigo renovado pela voz da cantora.

CONTINUA

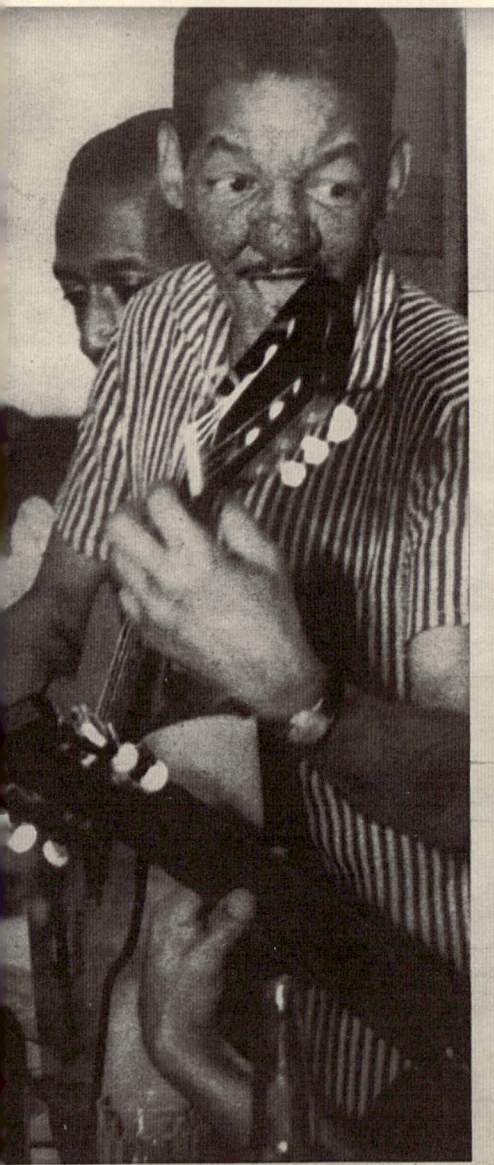

A noite é longa se há violão

de Moraes. Mas êle está lá, mesmo sem piano, e bate papo e bate samba com seu companheiro Carlos Lira.

As sextas-feiras, Cartola mete a bossa de um "show" sôbre um tablado meio rústico e um microfone que, embora nôvo, vive pifando. Quando o microfone pifa, o jeito é abrir o peito e cantar alto. A noite escorre lenta lá fora. Dentro do restaurante, apesar dos ventiladores, a noite escorre lenta e quente acalentada por um samba fantástico. A sala fica cheia. Em tôdas as mesas e por todos os lugares, há gente que chega de Copacabana ou do morro, fica por ali ouvindo os sambistas, canta em côro, faz um carnaval sem coreografia. Zica, a mulher de Cartola, comanda a cozinha. Serve vatapá e comidinha de casa. Mas, uma vez e outra, ela mesma põe a cabeça para fora e relembra os seus tempos de pastôra da Escola de Samba de Mangueira, acompanhando o côro. É noite de gala no quartel general.

O comum, entretanto, é o samba cantado baixinho, o samba apenas comunicado, sem pretensão de "show" nem coisa alguma. São as noites de segunda a quinta, em que o negócio é apenas tomar uma cerveja, jantar o que a Zica sabe fazer com bom têmpero e melhor mão, e conviver o samba na sua pureza mais despojada. O quartel-general não está de prontidão. Está apenas em vigília cívica, procurando conservar bem vivo o samba que é alento e glória dêste povo brasileiro.

O DONO da casa nem sempre é o dono da noite. Cartola é simples e modesto. Só quando o solicitam é que êle apanha o violão e canta. Nessa hora, coisas de muita beleza são ditas, pois os sambas de Cartola chegam a ser quase poemas. E são inumeráveis. O compositor de Mangueira já nem sabe mais quantos sambas fêz.

ACIMA, Billy Blanco ao violão, Zé Kéti na caixa de fósforo, Rosinha sorrindo e Cartola cantando baixinho: a roda de samba, sem grafia, está formada. Abaixo, Nélson Cavaquinho ao lado de Odet

NARA Leão é cantora de bossa-nova. A sua casa, no Rio, se tornou uma espécie de QG da BN. Mas, rendida à permanência do samba antigo, Nara gravou músicas da bossa eterna e é hoje uma ligação correta entre as correntes do samba.

9. O Zicartola e a imprensa

Na sua edição de 9 de maio de 1964, a influente revista *O Cruzeiro* mostrou um Zicartola em festa, com a presença de nomes como Dorival Caymmi, Tom Jobim, Nara Leão, Odete Lara, Silvinha Telles, Rosinha de Valença e Billy Blanco, acompanhados dos sambistas que haviam tornado a casa famosa, como o anfitrião Cartola e seus amigos Nelson Cavaquinho, Elton Medeiros e Zé Kéti, presenças constantes no sobrado da rua da Carioca.

Certamente, o encontro desses grandes nomes da música brasileira no Zicartola foi organizado pela revista *O Cruzeiro*, que publicou a reportagem "O quartel-general do samba", com texto de Jairo Martins Bastos e fotos de Antônio Rudge. Publicada um mês após o golpe militar de 1964, a matéria reforça a ideia do Zicartola como um espaço de resistência política e cultural do samba e de encontro entre sambistas tradicionais e expoentes da bossa nova. Caymmi, nesse sentido, surge na reportagem como uma ponte que une esses dois "universos" da música popular brasileira, ele mesmo um homenageado pela Ordem do Cartola Dourada no Zicartola.

No entanto, são as imagens de artistas de geografias distintas, produzidas por Antônio Rudge, amontoados, espremidos e aquartelados num ambiente esfumaçado e musical, que efetivamente narram a resistência política e cultural. O texto de Jairo Martins Bastos, ao contrário, soa romântico e ingênuo: "Um quartel-general do samba é coisa simples. Não tem sentinela à porta e nem há necessidade de ninguém bater continência para os graduados da popularidade. Basta chegar e ir entrando."[36]

Quando "O quartel-general do samba" foi publicado, o Zicartola já tinha sido inaugurado oficialmente em fevereiro de 1964. A imprensa também noticiou esse acontecimento, como na nota intitulada "Zi-Cartola inaugurado com lombo", referência ao prato que foi servido durante a inauguração, "um delicioso feijão-manteiga com lombo de Minas". Outro aspecto interessante da nota é que ela se refere à casa de samba utilizando uma nova grafia, "Zi-Cartola", que passou a ser reproduzida em alguns momentos, até os dias de hoje, como se fosse a correta, embora essa grafia não apareça nos textos produzidos pelo próprio Zicartola em cartas, convites, anúncios e mesmo no cardápio da casa de samba desenhado por Heitor dos Prazeres.

Neste ponto, talvez a primeira reportagem que traz o nome Zicartola seja a escrita pelo jornalista Mauro Ivan, na sua coluna "O Rio de cada um", intitulada "Zica, inspiração de Cartola, faz do sonho um restaurante", publicada no *Jornal do Brasil* de

---

36. Martins, Jairo (textos); Rudge, Antônio (fotos). "Quartel-general do samba". Revista *O Cruzeiro*, 9 de maio de 1964 p. 92.

9 de outubro de 1963, um mês depois da assinatura do contrato da firma Refeição de Comida Caseira.

A reportagem de Mauro Ivan foi publicada antes de Zicartola abrir as portas, quando o sobrado ainda estava em obras, mas mostra que o nome já existia antes mesmo de Zica oferecer seus primeiros pratos ao público. De acordo com o jornalista: "Zicartola é o nome do restaurante que está sendo reformado num sobrado da rua da Carioca, onde Cartola poderá divertir os amigos com sua inspiração, enquanto Zica prepara seus gostosos pratos..."[37]

O jornalista detalha a trajetória profissional de Zica como cozinheira, destacando o período que assumiu o comando da cozinha da sede do tradicional Bloco Bola Preta. Além disso, menciona que Cartola e Zica haviam acabado de filmar uma participação em *Ganga Zumba*, dirigido por Cacá Diegues. A pedido do cineasta e de toda a equipe, a grande dama mangueirense também tomou conta da cozinha do set de filmagem.

Mauro Ivan dedicou uma página inteira de sua coluna à notícia de que Cartola e Zica estavam reformando um restaurante, o qual havia sido financiado pelos jovens empresários Eugênio Agostini Xavier e Renato Agostini, que se propuseram a realizar o sonho de Zica e lhe pediram que procurasse um lugar para instalar sua pensão. Conforme escreveu Mauro Ivan:

---

37. Ivan, Mauro. "Zica, inspiração de Cartola, faz do sonho um restaurante". *Jornal do Brasil*, 9 de outubro de 1963.

"Zica, sem saber onde escondeu tanta alegria não perdeu tempo e logo achou um velho sobrado na rua da Carioca, ao lado do Cinema Iris, onde os trabalhadores começaram logo a remodelar para ficar pronto em outubro, quando Cartola faz anos e ela quer fazer-lhe uma festa na inauguração."[38]

Na verdade, Cartola comemorou aniversário dois dias depois da publicação da matéria, em 11 de outubro, quando completou 55 anos. Ainda assim, a previsão era de que o Zicartola pudesse ficar pronto e ser inaugurado com festa no mês de aniversário do sambista. Acontece que a casa de samba só foi inaugurada oficialmente em fevereiro de 1964.

A reportagem de Mauro Ivan contribui para fortalecer a ideia de que o Zicartola abriu as portas para o público antes da inauguração oficial, após o Carnaval de 1964. Não deixa de parecer improvável, embora obviamente não seja impossível, que a casa de samba tenha demorado seis meses para concluir as obras e receber os clientes após a assinatura do contrato que sacramentou sua criação. O jornalista, inclusive, deu detalhes sobre o funcionamento da casa: "O restaurante funcionará das 10 às 22 horas e já está registrado como 'restaurante caseiro', onde haverá almoço pronto e também minutas."

As memórias sobre o Zicartola também coincidem com essa ideia, conforme as narrativas de Fernando Pamplona sobre a primeira vez que visitou o sobrado como um botequim que

---

38. Idem.

servia comida caseira e recebia sambistas para batucadas espontâneas no fim do dia. Hermínio Bello de Carvalho também lembra que "acompanhou o processo de como ia ser feito o Zicartola. Na inauguração ele estava construído, não estava pronto. Acompanhei o desenrolar. Tenho até na minha casa um anteprojeto do Zé Kéti, para fazer as noites do Zicartola".[39] A fala do poeta confirma a possibilidade de o Zicartola ter aberto as portas sem uma grande festa, que só aconteceria meses depois de forma estrondosa. O sobrado teria recebido os primeiros clientes, já reformado, mas não completamente pronto, inclusive conceitualmente.

Não há dúvida, no entanto, que as diversas reportagens e notícias sobre o Zicartola proliferaram somente após a inauguração oficial da casa de samba, anunciada pelo *Jornal do Brasil* na edição de 21 de fevereiro de 1964, que alardeava a notícia trazida, obviamente, pelo grande idealizador das noitadas de samba do sobrado: "José Flores de Jesus, o Zé Kéti, veio ontem ao JORNAL DO BRASIL convidar 'todo o Rio', para a inauguração do restaurante do Cartola, o fundador da Estação Primeira de Mangueira, que resolveu estabelecer-se na Rua da Carioca, 53, confiando nos quitutes da mulher, D. Zica."

O próprio Mauro Ivan só voltaria a escrever sobre o Zicartola muitos meses depois da sua histórica e pioneira reportagem

---

39. Silva, Marília T. Barboza da; Oliveira Filho, Arthur L. de. *Cartola: Os tempos idos*. 2ª ed. Rio de Janeiro: Funarte/INM/DMP, 1989. p. 103.

sobre o surgimento da casa de samba, em outubro de 1963. Dessa vez assinando outra coluna, a clássica "O samba cá entre nós", no mesmo *JB*, em parceria com Juvenal Portella, ele anunciou a inauguração oficial um dia antes da festa, em 20 de fevereiro de 1964: "O Zicartola é um bar que *Cartola*, compositor famoso da Mangueira e sua mulher Zica inauguram amanhã. Endereço: rua da Carioca, 53, 1º andar."[40]

O certo é que o Zicartola ganhou espaço até mesmo na coluna social, como nas notas da Le Copains, também publicada no *JB*, no qual a casa de samba surgia em meio a nomes como o de Brigite Bardot, que visitava o Rio naquele período. Ao mesmo tempo, escritores como Rubem Braga e João Antônio escreveram sobre o Zicartola na imprensa da época.

A relação próxima do Zicartola com a imprensa se torna ainda mais evidente numa carta datilografada em julho de 1964, intitulada, justamente, de Homenagem à Imprensa. O documento é uma espécie de *release* poético que se inicia com o seguinte texto: "Cartola e Zica têm o prazer de comunicar que no dia 8 de agosto de 1964 (sábado) homenagearão a imprensa com uma comidinha caseira, seguida de roda de samba e partido-alto."

Vale lembrar que, àquela altura, o Brasil já havia sofrido, poucos meses antes, o golpe militar de 1964. Homenagear a

---

40. Ivan, Mauro; Portella, Juvenal. "O samba cá entre nós". *Jornal do Brasil*, 20 de fevereiro de 1964.

imprensa naquele momento não era um ato ingênuo. Significava se colocar ao lado de jornalistas de esquerda que se pronunciaram publicamente contra a tomada do governo do país pelos militares.

É claro que havia jornalistas no grupo de intelectuais de esquerda que cercava Cartola e Zica, entre eles Sérgio Cabral, que também foi mestre de cerimônias da casa. Como mostra a carta, a programação do Zicartola era intensa, com direito a presença de artistas que representavam a nata do samba e eram homenageados no sobrado: "Às 4as. Feiras estamos realizando as 'Noites de Homenagem', quando entregamos diplomas (de 'Cavalheiro' e 'Divina Dama'), às grandes figuras da música popular brasileira, já tendo sido homenageados, entre outros, Elizeth Cardoso, Cyro Monteiro, Zé Kéti, Aracy de Almeida, Ismael Silva, Heitor dos Prazeres, Lúcio Rangel, Ataulfo Alves e Linda Baptista."

O texto convida para as apresentações musicais que aconteciam no sobrado: "Venha ouvir os sambas de São Ismael Silva ('Se você jurar', 'Liberdade', 'Nem é bom falar', 'A razão dá-se a quem tem'); do apóstolo Zé Kéti ('Opinião', 'Cicatriz', 'Diz que fui por aí'); do profeta Nelson Cavaquinho ('Degraus da vida', 'Rugas', 'Luz Negra', 'Notícia'); e os pregões do folclorista maranhense João do Valle ('Pisa na fulô', 'Dividir', 'Quero vê"); os sambas de rua e de enredo do sacristão Geraldo Neves e Ary Guarda da Portela; e o pandeiro do Jorge dos Cabritos e a flauta do Manoel. E partideiros, mestre-salas, passistas e compositores de diversas escolas. Brevemente a legendária Clementina estará, uma vez por semana, cantando lindos sambas dos compositores de morro, inclusive Carlos Cachaça." O Zicartola, como mostra essa lista de notáveis, recebia nomes fundamentais da música popular brasileira. Por lá também passaram de forma esporádica, para participar de entrevistas, homenagens, eventos ou simplesmente ouvir samba, artistas como Dorival Caymmi, Tom Jobim, Carlos Lyra e Nara Leão.

A carta também se preocupava em assegurar aos convidados que a qualidade técnica das apresentações estava garantida: "Já inauguramos excelente equipamento de som em alta fidelidade, com três microfones (um especialmente para o violão acompanhador, daí o violão do Nelson já poderá ser ouvido plenamente)." Até mesmo o momento da pausa foi descrito: "Nos intervalos, a melhor música antiga na base de gravações de Aracy de Almeida, Luís Barbosa, Vassourinha, Velha Guarda, Moreira da Silva, Sílvio Caldas, Cyro Monteiro, Orlando Silva, Marília Baptista, Almirante, Jacob do Bandolim — gravações raras de discotecas particulares, cedidas ao Zicartola".

A programação semanal da casa de samba, que tinha a supervisão, segundo a carta, "do cronista Sérgio Cabral e do poeta Hermínio Bello de Carvalho", ficou desta maneira:

2ª. Feira – *Samba sem compromisso*
3ª. Feira – *Noite do partido alto*
4ª. Feira – *Noite da homenagem*

5ª. Feira – *Samba sem compromisso*

6ª. Feira – *Noite de samba*

Sábado e domingo – Descanso, porque ninguém é de ferro...

Um até logo do seu amigo,

Cartola

O convite mostra que apesar de sábado ser dia de descanso, uma exceção foi aberta para a festa em homenagem à imprensa. O que deixa entrever sua importância. O texto, datilografado numa folha de papel-ofício, traz a assinatura de Cartola. Obviamente, isso não significa que foi o sambista quem datilografou o documento. O Zicartola contou com o engajamento de sambistas e intelectuais próximos do casal mangueirense, como Hermínio Bello de Carvalho e Sérgio Cabral. O importante é que Cartola assinou embaixo no documento, firmando também o papel fundamental da imprensa para o entendimento da trajetória da casa de samba. Colocadas em diálogo com os relatos e a memória dos que viveram as noitadas de samba no sobrado, as notícias, crônicas, notas e entrevistas publicadas na imprensa nos trazem a presença do Zicartola em diversos jornais e revistas. Memórias e notícias que nos fazem perceber o principal legado do sobrado da Carioca: o samba.

Epílogo

> Uns com tanto
> Outros tantos com algum
> Mas a maioria sem nenhum
>
> Elton Medeiros e Mauro Duarte,
> "Maioria sem nenhum"

Cartola apenas conseguiu gravar o primeiro disco em 1974, mesmo ano em que admiradores do casal quiseram reeditar o Zicartola, dessa vez em São Paulo, mas a tentativa de reativar a famosa casa de samba não deu certo. As condições que foram propícias ao sucesso do Zicartola no Rio de Janeiro não existiam no contexto paulista. O novo empreendimento funcionou por apenas dois meses. O casal viajava toda quinta-feira a São Paulo e abria a casa sexta-feira e sábado, mas Cartola não quis permanecer na empreitada e pediu à mulher que fechasse o negócio. "Ele disse: 'Acaba com isso que eu não quero ser preso a nada'", explicou dona Zica. Um forte motivo para que Cartola não quisesse se dedicar ao novo Zicartola foi o sucesso do lançamento do primeiro disco gravado com a própria voz interpretando as composições próprias. O disco foi realizado pela gravadora do publicitário paulista Marcus Pereira. Este trabalho mostrou para um grande público o talento do sambista, fazendo justiça a uma trajetória marginalizada durante décadas.

Nesse período, Cartola, Nelson Cavaquinho e outros sambistas se apresentavam em projetos como *Noitada de samba*, do Teatro Opinião, onde o samba tradicional continuava a ser apresentado para a juventude universitária e a intelectualidade de esquerda. Até mesmo o sobrado da Carioca foi homenageado com um show no Teatro Opinião, chamado *Zicartola 2*. Estas apresentações, no entanto, alcançavam um público restrito.

O deslanchar comercial do samba a partir de um sambista negro, revelado nas escolas, que se mostrava intérprete e compositor, somente aconteceu no fim dos anos 1960 e início dos anos 1970. Sérgio Cabral explicou que "o samba, na verdade, passou a vender com o Martinho da Vila, foi ele quem inaugurou isso, e aí pronto, o samba passou a ser um gênero de venda, mas na época do Zicartola não era um sucesso". De fato, o primeiro disco lançado pelo sambista, em 1969, fez enorme sucesso.

O Zicartola, apesar de ter trazido à tona antigos sambistas esquecidos — tornando-os conhecidos para uma plateia que lhes ignorava a existência — não provocou o sucesso destes para um público de massa. O caminho do sambista no mercado da música, depois dos eventos do sobrado da Carioca, permaneceu dificultoso, como provou o tardio reconhecimento da genialidade de mestre Cartola como intérprete de suas composições. Por isso, só conseguiu gravar um disco quase dez anos depois do fechamento de sua casa de samba.

Devido ao grande sucesso do primeiro disco, Cartola gravou um segundo LP pela Marcus Pereira, lançado em 1976, que também foi aclamado por público e crítica.

Referências bibliográficas

Antônio, João. *Zicartola: E que tudo mais vá pro inferno*. São Paulo: Scipione, 1991.

Barbosa, Orestes. *Samba: Sua história, seus poetas, suas músicas e seus cantores*. Rio de Janeiro: Funarte, 1978.

Bom Meihy, José Carlos Sebe. *Manual de história oral*. São Paulo: Edições Loyola, 2003.

_____. *Carnaval, carnavais*. São Paulo: Editora Ática, 1986.

Cabral, Sérgio. *As escolas de samba do Rio de Janeiro*. Rio de Janeiro: Lumiar Editora, 1996.

_____. *Nara Leão, uma biografia*. Rio de Janeiro: Lumiar Ed., 2001.

Carvalho, Bruno. *Cidade porosa: Dois séculos de história cultural do Rio de Janeiro*. Rio de Janeiro: Objetiva: 2019.

Carvalho, Hermínio Bello de. *Mudando de conversa*. São Paulo: Martins Fontes, 1986.

Castro, Ruy. *Chega de saudade, a história e as histórias da bossa nova*. São Paulo: Companhia das Letras, 1990.

Chaui, Marilena de Souza. *Brasil, mito fundador e sociedade autoritária*. São Paulo: Editora Fundação Perseu Abramo, 2001.

Da Matta, Roberto. *Carnavais, malandros e heróis*. Rio de Janeiro: Rocco, 1997.

Dunn, Christopher. *Brutalidade jardim: A tropicália e o surgimento da contracultura brasileira*. São Paulo: Editora Unesp, 2008.

Eneida. *História do carnaval carioca*. Rio de Janeiro: Record, 1987.

Fernandes, Antônio Barroso (org.). *As vozes desassombradas do Museu*. Rio de Janeiro: Museu da Imagem e do Som, 1970.

Ferreira, Marieta de Moraes; Amado, Janaína (orgs.). *Usos e abusos da história oral*. Rio de Janeiro: Editora Fundação Getúlio Vargas, 1996.

Fróes, Marcelo. *Jovem Guarda: Em ritmo de aventura*. São Paulo: Ed. 34, 2000.

Gilroy, Paul. *O Atlântico negro: Modernidade e dupla consciência*. São Paulo: Editora 34, 2001.

Guimarães, Francisco. *Na roda de samba*. Rio de Janeiro: Typographia São Benedito, 1933.

Halbwachs, Maurice. *A memória coletiva*. São Paulo: Vértice/ Editora Revista dos Tribunais, 1990.

Hobsbawm, Eric. *Era dos extremos. O breve século XX: 1914-1991*. São Paulo: Companhia das Letras, 1995.

Holanda, Nestor de. *Memórias do Café Nice: Subterrâneos da música popular e da boêmia do Rio de Janeiro*. Rio de Janeiro: Conquista, 1969.

Jota Efegê (João Ferreira Gomes). *Figuras e coisas do carnaval carioca*. Rio de Janeiro: Funarte, 1982. p.209.

Kühner, Maria Helena; Rocha, Helena. *Opinião: Para ter opinião*. Rio de Janeiro, Relume Dumará/Prefeitura, 2001.

Lopes, Nei. *O negro no Rio de Janeiro e sua tradição musical: Partido alto, calango, chula e outras cantorias*. Rio de Janeiro: Pallas, 1992.

_____. *Zé Keti: O samba sem senhor*. Rio de Janeiro: Relume Dumará, 2000.

_____. *Guimbaustrilho e outros mistérios suburbanos*. Rio de Janeiro: Dantes Editora/Prefeitura da Cidade do Rio de Janeiro, Secretaria das Culturas, RioArte, 2001.

Matos, Maria Izilda Santos de. *Dolores Duran: Experiências boêmias em Copacabana nos anos 50*. Rio de Janeiro: Bertrand Brasil, 1997.

Moura, Roberto. *Grande Othelo: Um artista genial*. Rio de Janeiro: Relume Dumará-Prefeitura, 1996.

_____. *Tia Ciata e a Pequena África no Rio de Janeiro*. Rio de Janeiro: FUNARTE/INM/DMP, 1983.

_____. *Cartola, todo tempo que eu viver*. Rio de Janeiro: Corisco Edições, 1988.

Moura, Roberto M. *No princípio era a roda: Um estudo sobre samba, partido-alto e outros pagodes*. Rio de Janeiro: Editora Rocco, 2004.

_____. "Nuno Veloso: O crioulo de olhos azuis que estudou com Marcuse relembra o Zicartola". In: *Comum*, Rio de Janeiro, vol. 10, número 23, pp. 149-55, jul-dez/2004.

Napolitano, Marcos. *Cultura brasileira: Utopia e massificação (1950-1980)*. São Paulo: Contexto, 2001.

Neto, Lira. *Uma história do samba: As origens*. São Paulo: Companhia das Letras, 2017.

Neves, João das. "Grupo Opinião: A trajetória de uma rebeldia cultural". In: *Problemas*. São Paulo: Novos Rumos, 1984, pp. 55-9.

Nogueira, Nilcemar. *Dona Zica: Tempero, amor e arte*. Rio de Janeiro: Mauad, 2003.

Nova História da Música Popular Brasileira (Fascículo Samba). São Paulo: Editora Abril, 1979.

Ortiz, Renato. *A moderna tradição brasileira — Cultura brasileira e indústria cultural*. São Paulo: Brasiliense, 1988.

_____. *Cultura brasileira e identidade nacional*. Rio de Janeiro: Ed. Brasiliense, 1986.

Pollak, Michael. "Memória, esquecimento, silêncio". In: *Estudos históricos*. Rio de Janeiro: Ed. Fundação Getulio Vargas, vol. 2, n. 3.

Rio, João do. *A alma encantadora das ruas.* Rio de Janeiro: Secretaria Municipal de Cultura, Dep. Geral de Doc. e Inf. Cultural, 1987.

Sandroni, Carlos. *Feitiço decente, transformações do samba no Rio de Janeiro (1917-1933)*. Rio de Janeiro: Jorge Zahar Editor/Editora UFRJ, 2001.

Santos, Myriam Sepúlveda dos. "O batuque negro das escolas de samba". In: *Estudos Afro-Asiáticos*. Rio de Janeiro: Centro de Estudos Afro-Asiáticos/Universidade Candido Mendes, 1999.

Silva, Marília T. Barboza da; Oliveira Filho, Arthur L. de. *Cartola: Os tempos idos*. 2ª ed. Rio de Janeiro: Funarte/INM/DMP, 1989.

Silva, Odacyr de Brito. *Dona Zica da Mangueira: Na passarela de sua vida*. São Paulo: Editora Gráfica Carimbex, 2003.

Simas, Luiz Antônio; Rufino, Luiz. *Fogo no mato: A ciência encantada das macumbas*. Rio de Janeiro: Mórula Editorial, 2018.

Sodré, Muniz. *Samba, o dono do corpo*. 2ª ed. Rio de Janeiro: Mauad, 1998.

Sukman, Hugo. *Nara Leão: Nara — 1964*. Rio de Janeiro: Cobogó, 2022.

Tinhorão, José Ramos. *História social da música popular brasileira*. Rio de Janeiro: Editora 34, 1998.

_____. *Música Popular Brasileira: Um tema em debate*. Rio de Janeiro: Editora Saga, 1966.

Viana, Hermano. *O mistério do samba*. Rio de Janeiro: Jorge Zahar Ed./ Ed. UFRJ, 1995.

Entrevistas

Dona Zica — Realizada em 24 de agosto de 2000.

Arthur Oliveira Filho — Realizada em 10 de abril de 2001.

Carlos Lyra — Realizada em 4 de maio de 2001.

Elton Medeiros — Realizada em 31 de agosto de 2000.

Fernando Pamplona — Realizada em 4 de julho de 2001.

Ferreira Gullar — Entrevista realizada em 1 de novembro de 2000.

Hermínio Bello de Carvalho — Realizada em 26 de setembro de 2000.

Nelson Pereira dos Santos — Realizada em 10 de maio de 2011.

Nelson Sargento — Realizada em 15 de agosto de 2001.

Nuno Linhares Veloso — Realizada em 25 de abril de 2001.

Paulinho da Viola — Realizada em 16 de outubro de 2001.

Sérgio Cabral — Realizada em 5 de dezembro de 2001.

Créditos das imagens

Foto da capa
José Antonio, *Cartola e Zica no Zicartola*, ca. 1964 | CPDOC Jornal do Brasil.

p. 9 Prospecto promocional do restaurante Zicartola, s.d. | Arquivo Sérgio Cabral — Acervo FMIS/RJ.

p. 10 Anúncio do restaurante Zicartola informando show de samba, s.d. | Arquivo Jacob do Bandolim — Acervo FMIS/RJ.

p. 11 Anúncio comunicando sobre a noite de sábado no Zicartola, s.d. | Arquivo Jacob do Bandolim —Acervo FMIS/RJ.

p. 12 Cardápio listando pratos e bebidas servidos no Zicartola, s.d. | Arquivo Jacob do Bandolim — Acervo FMIS/RJ.

p. 13 Prospecto promocional do restaurante Zicartola, s.d. | Arquivo Jacob do Bandolim — Acervo FMIS/RJ.

pp. 14-5 Convite de casamento de Zica e Cartola com arte feita por Heitor dos Prazeres, 1964 | Arquivo Jacob do Bandolim— Acervo FMIS/RJ.

p. 17 Texto de Hermínio Bello de Carvalho informando sobre a noite de homenagem a Aracy de Almeida na qual ela receberia o Diploma de Divina Dama da Ordem da Cartola Dourada no Zicartola, exaltando-lhe a importância e informando as músicas que serão tocadas, 1964 | Arquivo Jacob do Bandolim — Acervo FMIS/RJ.

p. 136 Anúncio de homenagem à imprensa a ser realizada no Zicartola, assinada por Cartola, 1964. | Arquivo Jacob do Bandolim — Acervo FMIS/RJ.

pp. 138-9 Cardápio do Zicartola com arte feita por Heitor dos Prazeres e menu servido no dia de Homenagem à Imprensa, 1964 | Arquivo Sérgio Cabral - Acervo FMIS/RJ.

pp. 140-5 Matéria "Zicartola —O Quartel-general do Samba", texto de Jairo Martins Bastos e fotos de Antônio Rudge, revista *O Cruzeiro*, 9 de maio de 1964, edição nº31 | Arquivo O Cruzeiro/D.A Press.

2023
———————
1ª impressão

Este livro foi composto em Calluna.
Impresso pela BMF Gráfica e Editora,
sobre papel Pólen Natural 70 g/m².

© Editora de Livros Cobogó, 2023

Editora-chefe
Isabel Diegues

Editora
Aïcha Barat

Coordenação de produção
Melina Bial

Assistente de produção
Bento Gonzalez

Revisão final
Eduardo Carneiro

Projeto gráfico e diagramação
Mari Taboada

Capa
Daniel Trench

Agradecimentos
Ronaldo Silva de Oliveira, Roberta Oliveira, Heitor dos Prazeres Filho, Margareth Telles, Mari Lucia Chaves de Sá Freire e Hermínio Bello de Carvalho.

Todos os esforços foram feitos para a obtenção das autorizações das imagens reproduzidas neste livro. Caso ocorra alguma omissão, os direitos encontram-se reservados aos seus titulares.

CIP-BRASIL. CATALOGAÇÃO NA PUBLICAÇÃO
SINDICATO NACIONAL DOS EDITORES DE LIVROS, RJ

C352z
3. ed.

Castro, Maurício Barros de, 1973-

Zicartola : política e samba na casa de Cartola e Dona Zica / Maurício Barros de Castro. - 3. ed., rev. e ampl. - Rio de Janeiro : Cobogó, 2023.
168 p. ; 21 cm.

ISBN 978-65-5691-112-0

1. Cartola, 1908-1980. 2. Zica, Dona, 1913-2003. 3. Zicartola (Casa noturna) - História. 4. Samba - Rio de Janeiro (RJ) - História e crítica I. Título.

23-85740 CDD: 782.42164098153
     CDU: 78.011.26(815.3)

Meri Gleice Rodrigues de Souza - Bibliotecária - CRB-7/6439

Todos os direitos reservados à
Editora de Livros Cobogó Ltda.
Rua Gen. Dionísio, 53, Humaitá,
Rio de Janeiro, RJ, Brasil —22271-050
www.cobogo.com.br